领导干部要有
大格局

刘玉瑛◎著

新 华 出 版 社

图书在版编目（CIP）数据

领导干部要有大格局 / 刘玉瑛著. —北京：新华出版社，2020.10（2025.2重印）

ISBN 978-7-5166-5457-6

Ⅰ. ①领… Ⅱ. ①刘… Ⅲ. ①中国共产党－干部教育－学习参考资料
Ⅳ. ①D262.3

中国版本图书馆CIP数据核字（2020）第211086号

领导干部要有大格局

作　　者：刘玉瑛

责任编辑：赵怀志　祝玉婷　　**封面设计：**李尘工作室

出版发行：新华出版社
地　　址：北京市石景山区京原路 8 号　　**邮　　编：**100040
网　　址：http：//www.xinhuapub.com
经　　销：新华书店
新华出版社天猫旗舰店、京东旗舰店及各大网店
购书热线：010-63077122　　**中国新闻书店购书热线：**010-63072012

照　　排：李尘工作室
印　　刷：大厂回族自治县众邦印务有限公司
成品尺寸：170mm×240mm　1/16
印　　张：13.5　　**字　　数：**126千字
版　　次：2021年1月第一版　　**印　　次：**2025年2月第三次印刷
书　　号：ISBN　978-7-5166-5457-6
定　　价：48.00元

前言
PREFACE

2019年8月28日，我在“中国领导力40人论坛”的微信群中，发了一篇我当日撰写的一篇题为“格局后天怎么修炼？”一文。文章在微信群里发表之后，著名的领导力学者徐中先生@我说：“格局是一个特别重要的领导特质！我在9年收集130多个班6000多份受人尊敬的七个领导特质的调查发现，‘心胸宽广’（格局）是排在第一位的。”

他的话刚落地，另一位国内领导科学界的著名专家刘志伟@了徐中先生说：“您的这个结论，我非常认同！《周易》也专门讲到此观点：‘器有大焉，高天厚地。唯其能容，容而不盈，故见其大。’”

一篇小文引起了两位大腕级专家的反响，出乎我的意料。但他们的对话，坚定了我的一个观点：“为政者的格局决定着他的事业大小与成败。”这让我动了撰写一本《领导干部要有大格局》书稿的念头。于是，我给新华出版社的副社长黄春峰先生发了一条微信，表达了我的想法。他看到我的微信，瞬间就回了一条信息，表示赞同，这就是本书撰写的来龙去脉。

我曾经看到过一段很经典的话："你从80楼往下看，全是美景，但你从2楼往下看，全是垃圾。人若没有高度，看到的全是问题，人若没有格局，看到的全是鸡毛蒜皮。"正像一位读者在我的文章后留言所说："这说明格局决定着人的思想深度、眼界宽度、境界高度和胸怀广度。格局不一样，结局也大不一样。"

那么，什么是格局？格局小的人有何特点？格局大的人有何特征？格局如何影响一个人的人生命运？格局怎样影响领导干部的仕途人生？如何培养自己的大格局来赢得人生、走好仕途之路？是需要回答的一些重要问题，本书试图对这些问题进行深入而全面的思考。

犹太人说："人类一思考，上帝就发笑。"对于作者来讲，读者就是"上帝"，但愿我的"思考"不要让"上帝"发笑。

本书有一个重要的特点，就是各自独立成篇，却又有着彼此紧密相联的内在逻辑。独立成篇的文章篇幅短小，每篇3000字左右，但彼此紧密相联的内在逻辑，却能深入阐发一个共同的理论观点。

在撰写本书的过程中，许多专家、学者所撰写的专著和论文，给了我许多启迪，同时，本书也引用了一些经典古文、历史事件以及现代书籍叙述的典型案例和网络媒体报道的真实资料，在此，我谨向这些文字权利所有者致以诚挚的谢意。

同时，我还想对新华出版社的副社长黄春峰先生说一句“谢谢”。正是有了他的鼎力支持和鼓励，本书才得以“问世”。

刘玉瑛

2020年10月12日

目 录

CONTENTS

01

一

格局大，未来的路才能越走越宽广

人生，其实就是“走路”。走人生之路，走事业之路，走仕途之路，等等。有的人的路是越走越宽广，一直走在阳光大道上；而有的人的路则是越走越狭窄，最后走进死胡同，乃至无路可走。

同样是“走路”，为什么结局不一样？一千个人眼中就有一千个哈姆雷特，但在我看来，格局的大小决定着一个人所走路径的宽窄。

（一）对格局小的人，能离多远离多远

2019年8月28日的那天早上，我在微信朋友圈转发了下面这段文字：

“看过一段很经典的话，你从80楼往下看，全是美景，但你从2楼往下看，全是垃圾。人若没有高度，看到的全是问题；人若没有格局，看到的全是鸡毛蒜皮。”

这段文字转发出来之后，许多读者纷纷留言。有的问：“格局后天怎么修炼？”“怎样才能有格局？”

不过，也有一位教授读者留言道：“毒鸡汤。显微镜和望远镜都是客观的观察工具，看到的都是客观真实。把用显微镜观察到的真实比作垃圾、鸡毛蒜皮，把使用望远镜的人比作有高度、格局大，是不对的。”

对这段话我既赞成他的观点，也捍卫他发表看法的权利。但却让我想起一则诗坛公案。

唐代诗人杜甫曾经写有一首《古柏行》，其中有诗句云：

孔明庙前有老柏，柯如青铜根如石。

霜皮溜雨四十围，黛色参天二千尺。

这几句诗的意思是说，孔明庙前有一株古老的柏树，枝干色如青铜根柢固如磐石。树皮洁白润滑树干有四十围，青黑色的树叶朝天耸立足有二千尺。

杜甫的这几句诗写得很有意境，用夸张的笔法来形容树之高大。但宋代著名科学家沈括却对此诗句不以为然。他在《梦溪笔谈·讥谑》中写道："杜甫《武侯庙柏》诗云：'霜皮溜雨四十围，黛色参天二千尺。'四十围乃是径七尺，无乃太细长乎？"

沈括认为，四十围是直径七尺，一棵树的直径是七尺，却高二千尺，不是太细长了吗？

哈哈，沈括是理工男，不是文科生。

那位留言说"毒鸡汤"的教授也是一位理科生，不是文科生。我是文科生，不认为这段话是"毒鸡汤"。所以，我要深入、系统地思考一下为什么"从80楼往下看，全是美景；从2楼往下看，全是垃圾。人若没有高度，看到的全是问题；人若没有格局，看到的全是鸡毛蒜皮"的问题。简言之，思考一下格局的问题。

曾国藩说："谋大事者，首重格局。"格局，词典上解释说："格是对认知范围内事物认知的程度，局是指认知范围内所做事情以及事情的结果，合起来称之为格局。"

词典上对格局的定义很科学，但不通俗。在我看来，格局，就是一个人的心胸和眼界。

据说中国近代著名红顶商人胡雪岩（1823—1885年）有一段名言："如果你有一乡的眼光，你可以做一乡的生意；如果你有一县的眼光，你可以做一县的生意；如果你有天下的眼光，你可以做天下的生意。" 这说的就是格局和事业的关系。

如此说来，格局决定着一个人事业的大小强弱和兴衰成败。胸怀天下，才能驰骋天下。我也明白了，为什么自己的事业没有做大，原因是格局太小。

亡羊补牢，犹未迟也。我决定从现在开始修炼大格局，争取做大事业。有点痴人说梦。不过，痴人说梦也没关系，一旦大器晚成实现了呢？

格局后天怎样修炼？智者见智，仁者见仁。

在我看来，首先要"离得远"。所谓"离得远"，就是要远离格局小的人，能离多远离多远。

那什么样的人是格局小的人？据我观察，格局小的人一般都有以下几大特征：

第一，以"自我"为中心，个人利益高于一切。这是典型的精致的利己主义者。"精致的利己主义"的说法来自北京大学中文系钱理群教授。他说："我们的一些大学，包括北京大学，正在培养一些'精致的利己主义者'，他们高智商，世俗，老到，善于表演，懂得配合，更善于利用体制达到自己的目的。这种人一旦掌握权力，比一般的贪官污吏危害更大。”

从钱理群教授的这段话可以看出，精致的利己主义者，只顾自己的利益，而不顾别人的利益，更别说集体的利益、国家和人民的利益了。他们从极端的个人私利出发，不择手段地追求名利、地位和享受。他们奉行的是“人不为己，天诛地灭”的价值观。

2017年2月8日，中央纪委机关报《中国纪检监察报》上刊登了一篇题为《“精致的利己主义”害莫大焉》的文章，其中点名批评了几个精致的利己主义者。

其中一个是肖明辉。1980年10月肖明辉出生于湖南衡阳，2002年毕业于郑州工业大学土木系，后以优异成绩考入清华大学土木系，2006年获得工学硕士学位。他研究生毕业后作为引进人才，进入海南省洋浦经济开发区规划建设土地局，担任建设工程管理主管。

海南省第二中级人民法院审理查明，肖明辉利用职务上的便利，多次伙同张某梁非法收受他人财物1611万余元，单独收受他人现金6万元。2012年10月12日，肖明辉被判处无期徒刑，剥夺政治权利终身；2017年5月10日，肖明辉减为有期徒刑二十二年，剥夺政治权利改为十年。

其中另一个是袁卫华。袁卫华在中纪委纪录片《打铁还需自身硬》中，被当成惩处“灯下黑”的典型，他曾任中纪委第六纪检监察室原副处长。

1996年，袁卫华头顶河南省周口市高考状元的“光环”进入北京大学法学院。北大毕业后，他考入中央纪委机关工作。

在纪录片里，袁卫华面对镜头，也无比悔恨：“我的求学之路是很顺的，始终是第一第一第一第一，一直到北大。因为我当时对自己仕途的发展是一种比较快速的规划，希望能够尽快地进入处级这个岗位。但是这个目标情况之下，如果顺便能生活更好，那就是最好的结果了……真的特别后悔做这些事情。一方面反腐败，一方面腐败，这个确实是自己觉得挺后悔，悔恨的一件事情。”①

从他的忏悔中，我们不难看出，他是既想当大官，又想发大财。于是，他不止一次地把工作秘密拿来做交易。

在袁卫华到中纪委工作之前，他父亲手下只有一支三五个人的小包工队，只能承接一些防水、房屋翻修的小工程，但袁卫华却帮他父亲的小作坊逐渐成为当地有名的承揽工程专业户。袁卫华则要求父亲订立遗嘱，写明“将家庭财产全部给大儿子袁卫华”。多年来，袁卫华利用自己的权力，承揽到总金额超过10亿元的工程项目。②

袁卫华除了通过拿工程牟利，还收受大量财物。党的十八大之

① 电视专题片《打铁还需自身硬》中篇《严防“灯下黑”》文字脚本，中央纪委监察部网站客户端，2017年1月4日。

② 纪检“内鬼”袁卫华：利用职权“搞定”10亿元项目，洛阳网，2017年1月5日。

后，他仍然没有收敛、收手，泄密内容除了中管干部的问题线索，还包括重要案件的初核方案、审计报告、调查报告等，甚至帮审查对象一起分析情况，出谋划策。

要说袁卫华作为北大高才生，毕业后直接进入到中纪委工作，还曾经参与查办过慕绥新、马向东、武长顺等大案要案，可谓一路顺风顺水，前途大好。但精致的利己主义让他走上了不归路。

第二，目光短浅，眼前利益大于一切。这种人缺乏远见卓识，只顾眼前的利益，而不考虑长远的利益。“杀鸡取卵”、“竭泽而渔”、“焚林而猎”等成语都是比喻取之不留余地，只顾眼前利益，不做长远打算之行为。其实，这一类小格局甚至没有格局的人古今中外俯拾皆是。

网络上曾经有作者讲过这样一件事情，说是在蒙古有一地区居民以放牧为生，因为山羊肉比绵羊肉更加味美，且出产价值较高的羊绒，利益较高，因此当地居民开始放弃养殖绵羊，转为大量养殖山羊。

他们养殖山羊时，收益的确非常高，曾一度成为周边最富有的地区。

但是山羊和绵羊不同，它们吃草是连草根一同食用的，过量放牧养殖山羊的后果，是导致了严重的草场退化。因为草场退化严重，无法继续放牧，当地居民不得不远走他乡以求生路。

很显然，这些山羊养殖户都是格局太小之人，只看到眼前的利益，而不考虑未来长远的打算，最后无法在当地继续生存。

第三，锱铢必较，睚眦必报，心胸狭隘。这种人为人处事非常小气，气量狭窄，即使是很少的钱、很小的事情也一定要计较，即使是像瞪一下眼睛那样极小的怨仇也要报复。成语“睚眦必报”说的就是这一类的人。

据史书记载，三国时期魏朝的创建者曹丕就是一个睚眦必报的君主。

曹丕，是曹操的次子。他虽然自幼便通晓古今经传和诸子百家的著作，文学天赋极高，但心胸却非常狭隘。

曹丕年轻时，向他的堂叔曹洪借100匹绸缎，遭到曹洪拒绝。等到曹丕称帝之后，曹丕就借曹洪的门客犯法一事，将曹洪打入大牢，查封了他的所有家产，并要把他处死。

大臣们都向曹丕给曹洪求情，曹丕置之不理，就连大将军曹真说了也毫无用处。

后来，曹丕母亲卞太后叫来曹丕的太太郭夫人，告诉她，“假如曹洪今天被处死，明天我就让皇帝废了你。”

郭皇后痛哭着屡次请求曹丕赦免曹洪，曹洪这才幸免一死。

曹丕不仅睚眦必报，还没有容人的雅量。他听不进别人的任何意见。

据《三国志·魏书·鲍勋传》记载，鲍勋是曹魏元老鲍信之子。他为人清廉性情耿直，深受曹操器重，曹操立曹丕为太子之后，便将鲍勋提拔为中庶子（太子侍从官）。

但是后来鲍勋却被曹丕所杀，当时曹魏大臣钟繇、华歆、陈群等人一同为鲍勋求情，也没有任何用处。

曹丕之所以杀鲍勋，就是因为鲍勋屡次直言劝谏而得罪了曹丕。

对于锱铢必较、睚眦必报、小肚鸡肠、心胸狭隘之人，领导干部要能离多远有多远，否则，必定深受其害。

第四，狂妄自大，目空一切。狂妄自大，目空一切，也是格局小之人的特点。他们取得一点成就便沾沾自喜，满足于自己已有的那点成绩，看不起别人。比如2004年2月12日被执行死刑的安徽省原副省长王怀忠就是一个狂妄自大、目空一切的人。

1996年2月王怀忠任阜阳市委书记，1999年10月任安徽省副省长。

王怀忠在阜阳市主政期间，经常吹嘘“阜阳是我王家的天下”。

2000年6月，阜阳在没有拆分成阜阳、亳州两个市之前，有1300多万人口。对此，王怀忠津津乐道。他经常自诩，阜阳的人口超过北京、上海，是“中国最大的市”，而他则是“第一市的市委书记”。

一次在酒桌上，他还把阜阳市人口与世界各国人口比较排名，还醉醺醺地说自己是“世界第58国总统”。

有人拍他的马屁，给他送了一幅字，上书：“颍（阜阳）亳两州一圣王”。他如获至宝，作为珍品收藏。

试想，就这样一个狂妄自大、目空一切的人怎么能为人民执好政呢？落马走向不归路是必然的。

对这样狂妄自大、目空一切的人，也是远离为好。即便他是你的顶头上司，也要敬而远之，不要跟他走得太近。因为这种人出问题是早晚的事。

第五，势利眼，对有用的人谄媚，对无用的人冷脸。势利眼，是看权势的大小、财利的多少来分别对待人的恶劣表现。俗语所谓“看见大，得得拜；看见小，踹一脚”，就是对势利眼的描述。势利眼的人是用人朝前，不用人朝后，觉得别人有用，就拼命巴结，觉得别人没用了，就冷脸相对；对有权有势有钱的人趋奉，对无权无势无钱的人歧视的恶劣行径，眼里只有趋炎附势。

“势利”一词，由来已久。《淮南子》中就有“势利不能诱也”之语；而势利眼之人也是惯常有之，古今不绝。许多人都领教过势利眼人的“厉害”。比如北宋著名文学家苏轼便遭遇过。

一次，苏轼来到莫干山上的一座庙宇。庙里的住持见他衣着简朴，便以为他是一般的施主，遂漫不经心地指着一个破凳子说：“坐”，随后，他便吩咐道童说：“茶”。

等他们聊了一会儿，住持发现来客谈吐不俗，就把他带到大殿，客气地说：“请坐！”，又对道童吩咐说：“敬茶”。

后来，当住持知道这位施主是大名鼎鼎的文学家苏轼时，他赶紧道歉，并把苏轼请到客厅，毕恭毕敬地说："请上座！"，还命令道童："敬香茶！"。

苏轼离开庙宇之前，住持请他题字留念。苏轼挥笔写了下面的字幅：

坐，请坐，请上座；

茶，敬茶，敬香茶。

寥寥数字，勾勒出"势利眼"住持的那副可恶面孔。

势利眼历来为人所不齿。尽管为人所不齿，但时至今日依旧大有人在。

虽然"势利眼"古今表现的形式有所不同，但其本质是一样的：有势就有情，没势没了情；有利就有义，没利没了义。《名贤集》更有形象的解说："白马红缨彩色新，不是亲者强来亲；一朝马死黄金尽，亲者如同陌路人。"势利眼的嘴脸跃然纸上。

事实上，势利眼虽然能得到一时的好处，而一旦其面目昭示于人，就会臭名远扬。因此，做人不能太势利。

做人太势利，看似聪明，其实是愚蠢透顶。谁都不傻，即使是智商余额不足之人，时间长了，他也能看出来，何况现在智商、情商高的人多着呢。

其实，三十年河东，三十年河西，哪棵树都可能发芽。别只看到“河东”，看不到“河西”。

再说了，你“势利”了，眼睛就盯着有权势的人，拼命巴结有权势的人，巴结的结果，可能会得到好处，但要知道，被你冷落的人会心存不满。这心存不满之人，别看他势单力薄，势单力薄的小人物，也许会做出绊倒大象的事情来。

对有上述这些特征的人，领导干部要想有大格局，必须要远离这些人，而且自己也坚决不做这样的人。

总而言之一句话：“见贤思齐，见不贤思远离，远离不了，心里隔离。”

（二）见格局大的人，虚心向他们学习

我在上一篇文章的结尾处说，“总而言之一句话：‘见贤思齐，见不贤思远离，远离不了，心里隔离。’”

见贤思齐，就是要向有大格局的人学习，向他们看齐。常言道：“近朱者赤，近墨者黑。”这是历史经验教训的总结。一般说来，格局大的人有以下几大特征：

第一，虚怀若谷，从善如流。虚怀若谷、从善如流的人，胸怀像山谷那样深而且宽广，善于接受别人的意见和观点；像流水那样快而自然地乐于听取他人正确的意见，接受善意的规劝。邓小平同志就是一个虚怀若谷、从善如流的具有大格局的领袖人物。

2004年8月21日，著名的社会学家费孝通先生曾经在《人民日报》发文追忆小平同志往事：“虚怀若谷坦言是‘小学生’。”文章说：

我一生经历的事情可谓不少，大多已经淡忘，但是有的不仅没有忘却，在脑子里反而越来越清晰了。比如我还能清晰地记得1950

年7月，我随中央民族访问团到贵州的一些少数民族地区宣传党的民族政策的时候，时任中共中央西南局第一书记的邓小平同志，召我去同他讨论当时民族工作中应该抓住什么问题的那一幕。小平同志谦虚地对我说，他在少数民族问题上还是个“小学生”，需要向做过民族工作的同志学习，他要我“多参谋参谋”。在小平同志虚怀若谷、实事求是的态度的鼓舞下，我在这位赫赫有名的刘邓大军的统帅面前，毫无保留地讲了自己对少数民族工作的一些看法和建议。

这件事已经过去半个多世纪了，但当年同小平同志谈话的情景和谈话时的神态以及他极富鼓动性的四川话，仍然留在我的脑海里，时间越久反而越显清晰。

费孝通先生的文字虽然不多，但邓小平同志虚怀若谷、从善如流的形象跃然纸上。

谢觉哉在其《团结、谦虚、进步！》一文中说：“善于领导大的或者小的事业成功的人，没有不是虚怀若谷的。”

正因为邓小平同志虚怀若谷，从善如流，所以他才能成为中国改革开放的总设计师，让中华人民共和国走向富强。

第二，豁达从容，胸怀宽广。格局大的人，善于听取不同的意见和建议，尤其是能容得下“杂音”，听得进任何批评意见。叶剑英同志就是一个豁达从容、胸怀宽广的大格局之人。

1948年，叶剑英同志任华北军政大学校长兼政委。华北军政大学在石家庄附近。当时由于学校刚成立，大部分学员住在农村，住房比较拥挤，文化娱乐活动很少，学员生活比较单调。

有一个星期天，几位学员一起出去散步，来到羽底镇附近的一个庙。他们走进去一看，庙里没有别的东西，只有孤伶伶的一个泥菩萨。一个学员触景生情，在庙的墙上写了一首打油诗：

“生活太单调，出去逛逛庙，庙中泥菩萨，比我更枯燥。”

接着另一个学员又补充了两句：“转身向回走，回去睡大觉。”

有关负责同志向学校汇报学员情况时，举了这首打油诗的例子。叶剑英听了很有感触，并顺口又补充了两句：“楼上死了人，楼下不知道。”

大家听了都哈哈大笑。从学员的打油诗中，可以看出学员有些不满，但是这些不满情绪是生活单调引起的。所以叶剑英同志没有批评学员，而是很快找有关负责同志商量，想了不少点子，改善了学员的物质生活和文化生活。实际问题解决了，学员们的不满情绪也就没有了。

后来，很多家属来探亲，家属和学员们一起就餐，吃学员们的口粮，影响了学员的生活。于是，有的学员又编出顺口溜：

“华北军大开饭店，老婆小舅来吃饭。队上存粮两千斤，不到三月全吃完。”

听到这个顺口溜，有的同志认为，这是发牢骚，发泄负面情绪。叶剑英同志却认为，这个顺口溜讲得有道理，家属吃粮不能从学员的口粮中克扣，更不能因此降低学员的口粮标准。于是，他马上给华北局写报告，解决了来探亲的家属吃粮问题。实际问题解决了，学员的“牢骚”很快就没有了。

面对学员的批评顺口溜，叶剑英同志没有去追究是谁编的顺口溜，也没有把这批评顺口溜当作负能量来加以封杀，而是以宽广的胸怀接受了批评，并着手解决问题，而不是去解决提问题的人。

第三，敢于担当，甘于奉献。一个具有大格局的人，都是敢于担当，甘于奉献、不怕牺牲个人利益的。安徽省小岗村的第一书记沈浩同志，就是这样的一个有大格局的领导干部。

2004年2月，沈浩同志被安徽省委组织部、省财政厅选派到小岗村担任村党委第一书记。

来到小岗村，沈浩很快就实现了从“城里人”到“村里人”的角色转变。他走村串户了解民情，和农民肩并肩地修路办厂。

三年任期，他带领小岗村的群众修平了路，启动了小岗村的农家乐旅游服务，小岗村的百姓也逐步走向了富裕。然而，沈浩的任期却到了。

“当年我们杀头、坐牢都不怕，可沈浩要走，我们真怕了。”“大包干”带头人严金昌说。

严金昌、严宏昌等几个人一合计，带着一封按下了98个红手印的信找到省委组织部和财政厅，恳请留下沈浩。

走，还是留，沈浩焦灼不安，选择两难。沈浩选择了留下。一干又是三年。

三年转瞬即逝。第二个三年任期又要到了。是走，还是留？无尽的牵挂，一样的深情，再一次让沈浩难以抉择。小岗村的百姓再一次按下了红手印，真情地挽留。

想走。离家6年，太长了…… 沈浩是出了名的孝子。90岁的老娘，他特别牵挂。女儿盼着爸爸回家；妻子王晓勤盼望着夫妻早日团聚，不同意沈浩留任。

想留。小岗村的父老乡亲又让他牵肠挂肚……

在人民利益和个人利益面前，沈浩选择了人民的利益。他留在了小岗村，而且永远地留在了那里。

“两任村官呕心沥血带领一方求发展，六载离家鞠躬尽瘁引导万民奔小康。”这幅长长的挽联，浓缩了沈浩人生最后的光辉时光，同时，也诠释了他的担当、奉献之大格局。

第四，淡泊名利，不事张扬。具有大格局的人能超脱世俗的诱惑和困扰，以平常之心对待名誉和利益。即使是取得了成就，也是不张扬炫耀。中国人民解放军原装甲兵司令员许光达就是这样一位具有大格局的领导干部。

1955年，中国人民解放军首次实行军衔制。授衔之前，听说自己将被授予大将军衔，并被任命为国防部副部长，工资定为四级，许光达十分焦急。他匆匆赶到贺龙家里，请求贺龙同志向军委反映他的意见：改授上将衔，降低生活待遇。

不久，他又给毛泽东主席写了一份言辞恳切的“降衔申请”。他在申请中写道：“我对中国革命的贡献，是微不足道的。不要说同大将们比心中有愧；与一些年资较深的上将比，也自愧不如。我诚恳、慎重地向主席、副主席申请：授我上将衔。另授功勋卓著者以大将。”

在中央军委会议室里，毛泽东主席高扬起许光达的“降衔申请”，神情激动地对朱德、徐向前等人说：“这是一面明镜，共产党人自身革命的明镜。……五百年前，大将徐达，二度平西，智勇冠中州；五百年后，大将许光达，几番让衔，英名天下扬。”

这就是大格局。正确地对待名誉，超脱地对待利益。许光达的高风亮节让那些在名誉面前拼命争抢的人，让那些在利益面前拼死相争的人显出小来。

第五，见识卓著，眼光高远。一个具有大格局的人，都是有远见卓识的。他们站得高，看得远，不畏浮云遮望眼。孔子就是一位见识卓著、眼光高远的大格局之人。

《吕氏春秋·察微》曾经记载过这样一件事：春秋的时候，鲁国有一条法规，鲁国人到其他诸侯国去旅行，如果看到有本国的人在那里沦为奴隶，可以自己垫钱把他先赎回来，等回国之后再到官府去报销，并领取一定的奖金。

孔子的学生子贡，在外出旅行的时候，看到有鲁国人在他国作奴仆，便自己掏钱把他给赎出来了。子贡回国之后，却没有去官府报销和领取奖金。

孔子知道这件事情之后，批评了子贡。孔子说："你错了。圣人做事，可以移风易俗，并教育引导百姓去做，并非单独适合你自己的行为。现如今鲁国富裕的人少而贫穷的人多，你去官府报销并领取奖金，并不损害你的品行；而你拒绝到官府报销和领取奖金，则鲁国人以后再不会有人去赎人了。"

（原文：鲁国之法，鲁人为臣妾于诸侯，有能赎之者，取其金于府。子贡赎鲁人于诸侯而礼让其金。孔子曰："赐（名子贡）失之矣！夫圣人之举事，可以移风易俗，而教导可施于百姓，非独适己之行也。今鲁国富者寡而贫者多，取其金则无损于行，不取其金，则不复赎人矣。"——《吕氏春秋·察微篇》）

按照一般人的看法，子贡自己掏钱赎人而不去官府报销和领取奖金，这是为人仗义、品德高尚的表现。既然如此，他为什么还要受到孔子的批评？让人不解。

原来，子贡之所以受到孔子的批评，是因为在孔子看来，子贡的做法是"为小道而弃大道"。这样做的结果，是以后他人在国外看到鲁国人沦为奴隶，就要对是否垫钱把他赎出来产生犹豫：如果自己垫钱把他赎出来再去官府报销领奖，人们就会说自己不仗义，不高尚；而不去官府报销，自己的损失谁来弥补？于是，多一事不如少一事，他便会假装没看见。

明代的袁了凡在其所著的《了凡四训》中认为，孔子对子贡的批评，是“知人之为善，不论现行而论流弊；不论一时而论久远；不论一身而论天下。现行虽善，其流足以害人；则似善而实非也；现行虽不善，而其流足以济人，则非善而实是也。”

袁了凡的这段话的意思是说，要了解一个人做的事是否为善事，不看眼前，而看长远；不看一时，而看一世；不看一身，而看天下。现在所为，虽然是善，但是如果流传下去，对人有害，那就虽然像善，实际还不是善；现在所行，虽然不是善，但是如果流传下去，能够帮助人，那就虽然像不善，实际倒是善！

应该说，子贡的做法就个人来讲，无疑是正确的，体现了他的仗义、他的高尚。但是，对国家来讲，则是不正确的。因为他从客观上破坏了国家的法律。他个人的“小局”损害了国家的“大局”。

对照自己所归纳的格局大之人这几大特征，我顿时汗颜。发现这几大特征只有半条属于我，剩下的都不怎么沾边。

我这不是谦虚，比如说吧，格局大的人虚怀若谷，智慧深藏，而我本来就没多少智慧，还整天把自己那点小聪明拿出来显摆。

再比如说吧，格局大的人大度从容，能屈能伸，而我呢，谁要是批评我一句，我立马就想怼回去。不怼不足以显示自己凛然不可侵犯。

不检讨啦，我也见贤思齐，向格局大的人学习，向他们看齐。

古往今来格局大的人都值得我们学习。比如说吕端。

吕端是宋太宗时的宰相。北宋开国功臣赵普评价他说："我见吕公奏事，得到皇上的嘉许，看不见他显出得意；受到别人的挫抑也看不见他显出沮丧或恐惧。"

史书上还记载过这样一个故事：有一年，宋太宗让把朝中大臣李惟清从掌管全国军事的枢密使位子上换下来，去当负责监察百官的御史中丞。虽然是平调，但实际权力有了一些变化。

李惟清认为这是吕端从中使的坏，便趁吕端病休在家，没有上朝之时，向皇上奏了他一本。

吕端知道这件事情之后，淡然地说："我一生行得正，坐得直，从来不做对不起别人的事，这些风言风语不值得去多想。"

（原文："吾直道而行，无所愧畏，风波之言不足虑也。"《宋史·列传第四十》）

真是宰相肚里能撑船，值得学习。

（三）要想建功立业，大格局不能缺席

《菜根谭》中有语云：“建功立业者，多虚圆之士；偾事失机者，必执拗之人。”

这句话的意思是说，古来建立功业成就功勋的全都是谦虚包容宽和的人士，那些惹是生非、遇事坐失良机的人一定是那些执拗固执的人。

可以说，谦虚包容宽和是有格局和有大格局的人，执拗固执是没有格局或格局小的人。这应该是历史经验的总结。

第一，大格局才有大收获。“从上海到伦敦怎么去才最好玩？”这是上海一家电器公司有奖征文题目。特等奖是50英寸液晶家庭影院。

参与活动的答案雪片般飞来。竞逐者各色人等都有，但最后奖品为一位13岁的小学生获得。

他的答案是“跟家人、朋友去才最好玩”。

这位小学生为什么能获奖？评委给出的评论答案是：“分享的快乐，远胜于独自的拥有。”

别看获头等奖者才13岁，但他年纪虽小格局大，他懂得分享的快乐。有大格局者才有大收获。

俗话说，烙饼再大，也大不过烙它的锅。这说明，烙饼的大小取决于锅的大小，受到锅的限制。

王选为什么能成为中国科学院院士、国家最高科学技术奖获得者，被称为“汉字激光照排系统之父”？就是跟他具有家国情怀的大格局有着直接的关系。

1998年10月王选在北京大学发表演讲时谈到的一段话，能让我们体会感悟到他的家国情怀大格局。他说：

我第一个抉择，在大学二年级即1954年进入北京大学的数学力学系。当时北大非常好，教我基础课的老师都是非常优秀的老师。因此我受到很好的培养。北京大学应该继承优秀老师讲基础课的这种传统，他们是把心思放在教学上的。这第一步很好的数学基础是我一辈子终生受益的。所以我经常给研究生讲，在大学本科期间你不应该去问这个课有什么用，这是对你一生知识的某种锻炼，将来发挥的作用是难以估量的。

我们到了二年级的下学期分专业——那时候有数学专业，搞纯数学的；力学专业；还有计算数学——是刚刚建立的一个专业，同计算机是关联的。好的学生当时都报到数学专业去，觉得计算数学这个专业跟计算机打交道没有意义，很枯燥。当时卡片都是纸带的，非常烦琐，就这个烦琐的东西，不见得有很多高深的学问，所以很多学生都不愿意报。我一生中第一个重要的抉择，是选择了计算数学，正好赶上了计算机迅速发展的年代，这是我一生中的幸运，这个幸运跟我当初的抉择有关。

为什么当初选这个方向呢？我觉得我这个抉择的一个重要的核心的想法是：一个人一定要把他的事业，把他的前途，跟国家的前途放在一起，这是非常重要的。我当时选择这个方向，就是看到未来国家非常需要这个。我非常关注我们国家的科学事业的发展，我看到了十二年科学规划里，周恩来总理讲了未来几个重点的领域，包括有计算机技术，我看了以后非常高兴，我觉得把自己跟国家最需要的这些事业结合在一起，是选择了正确的道路。这是我一生中第一个抉择，选择了计算数学这个方向。

为什么有大格局者才有大收获？王选的故事给出了答案。首先是他选择了正确的研究方向，而这种正确研究方向的选择，源于他家国情怀的大格局。正如他所说的："为什么当初选这个方向呢？我觉得我这个抉择的一个重要的核心的想法是：一个人一定要把他的事业，把他的前途，跟国家的前途放在一起，这是非常重要的。我当时选择这个方向，就是看到未来国家非常需要这个。"国家的需要就是他的选择，这就是大格局。

第二，大格局才有大成功。有大格局的人都有"修身齐家治国平天下”的家国情怀。他们“先天下之忧而忧，后天下之乐而乐”，“安得广厦千万间，大庇天下寒士俱欢颜”。

“井冈山斗争时期，毛泽东站在黄洋界哨口问战士，从这里你看到哪儿？战士回答，可以看到江西和湖南。毛泽东说，站在井冈山，还要看到全中国，看到全世界。”①

毛泽东同志是有着大格局的人。站在井冈山上，看到全中国、全世界。1947年3月主动撤离延安，就是远见卓识、高瞻远瞩的正确决策，就是大格局的重要表现。

1947年3月，国民党蒋介石集中34个旅25万人，向我党中央所在地延安大举进攻，妄图一举摧毁我中央机关和人民解放军总部。党中央、毛泽东主席审时度势，决定暂时撤离延安。

为什么要暂时撤离延安？1947年3月13日，毛泽东同志接见从山西前来保卫延安的新四旅、教导旅的部分干部，向他们说明了党中央和中央军委决定撤离延安的战略意图与对敌斗争的策略。

毛泽东同志指出：“胡宗南要来延安，那就让他来嘛，不只延安，东北、华北还有别的解放区，必要时我们暂时都会让一点地方给他们，让他们多背上几个包袱，他们背不动了，还是要给我们放下的。只要我们好好打几个大胜仗，不只是延安要回到我们手里，

① 陈宝剑，让棵棵树苗成长为参天大树，人民网－人民日报，2019年5月22日。

西安、武汉、南京、上海、北平也会回到我们手里。全中国都是人民的，都要回到人民手里。”

毛泽东同志又强调说：“作战不在一城一地的得失，主要是要消灭敌人的有生力量，才能保存自己，收复失地。‘存人失地，人地皆存；存地失人，人地皆失。’我们暂时放弃延安就是把包袱让给敌人背上，使自己打起仗来更主动更灵活，而敌人背的包袱越多越走不动，到那时，我们就能大量消灭敌人…… 将来人民会看到，蒋介石占领延安绝不是他的胜利，而是搬起石头砸自己的脚，他就要倒霉了。”

这就是大格局，正是因为这种大格局，毛泽东同志才能带领全国人民取得抗日战争和解放战争的胜利，建立了中华人民共和国。

纵观历史，莫不如此。文王谦虚，渭河之滨访太公，最终成就了周朝八百年的基业；刘备谦虚，三顾茅庐请卧龙，最终天下三分一分归刘。

第三，大格局才有大智慧。人们在社会中工作生活，不可能一帆风顺，困难、困局、困境、困窘在所难免。也不可能今天种下种子，明天就能生出果实，甚至种子不发芽的情况都有。

一个人如果没有格局或者格局太小，他就会深困其中，而不能自我突破；他就会在困难挫折面前一筹莫展，甚至怨天怨地怨别人。

而有格局或有大格局者，他会把眼光放远、眼界放宽；他会让鸡毛蒜皮的琐事无足轻重；他会把困难挫折当作成功的垫脚石，从而获得成功，获取成就。这就是大智慧。

中国科学院院士、著名核物理学家，中国核武器研制工作的开拓者和奠基者，为中国核武器、原子武器的研发做出了重要贡献的邓稼先就是一个有大格局的人。

邓稼先1924年出生于安徽省怀宁县，1945年毕业于西南联大物理系，1948年他赴美国留学，在印第安纳州普渡大学获物理学博士学位。1950年春天，当新中国成立的消息传到大洋彼岸时，正在普渡大学任教的邓稼先，毅然辞去工作，准备回国。在他本人的不懈努力和祖国的帮助下，邓稼先与其他200名留学生，冲破重重阻力，回到了祖国。

回国后，邓稼先与我国著名科学家钱三强、彭桓武、王淦昌一起，在中国科学院近代物理研究所工作。当时他只有27岁，被专家们称为“娃娃博士”。邓稼先在彭桓武先生的领导下，从事原子核理论研究。

1958年，我国政府为了摆脱旧中国长期受侵略屈辱的历史，打破超级大国的核垄断，决定发展我们自己的核武器事业，邓稼先被选中参与这一伟大事业，承担了原子弹理论研究设计的领导工作。他从北京一些高校挑选了28位新毕业的大学生，开始了征服原子弹的战斗。

外国人曾经带着嘲讽的口吻说过："在原子的领域里，你们中国人的大脑还是真空的。"邓稼先回答说："真空有什么？天底下的路都是从无到有走出来的。"他告诫手下青年人说："他人是靠不住的，研制原子弹必须立足于自力更生。" 邓稼先带着他们边干边学，请高级科学家讲课，他本人也上台讲授中子物理有关课程。他还具体帮助青年人选择学习材料，确定研究方向。在确定了理论攻关方向后，分成若干个小组进行协同攻关。

当时，大家干劲很足，晚上大楼内灯火通明，直到深夜。清晨起床后，吃早饭前还要到研究室学习、钻研，谁要是八点钟来上班就感到脸红。邓稼先与大家同甘共苦，一起探讨问题。有时，为了搞清一个新问题，他常常彻夜不眠，第二天早上用冷水浇头后，又匆匆走上讲台。两年扎实的理论建设使邓稼先及其队伍掌握了原子弹研究的主动权。当1960年苏联专家撤离并将图纸带走后，并没有使我们的研究工作中断。

原子弹理论设计需要进行大量计算，但邓稼先的理论组里当时拥有的最先进的计算工具便是乌拉尔电子计算机，它每秒钟只能运算几百次。大量的计算要靠手摇计算机和一些算盘。就是利用这些简陋的计算工具，邓稼先花费了整整9个月时间进行了9次理论计算，其计算结果的正确性，由周光召从理论上加以证实。接着他们圆满地解决了原子弹内部的所有关键的力学问题，使整个原子弹的研制工作向前跨进了一大步。

理论计算的结论，必须在实验中得到验证。但当时我国没有发达国家的那种高级试验室，无法逼真地模拟出原子弹爆炸的状态。邓稼先领导大家，千方百计地克服困难，找到在简陋的条件下能够模拟的环境，创造出一种中国式的外推法，开辟出了一条通往原子世界的捷径。经过两年的艰苦努力，1962年终于完成了原子弹的总体设计方案。

1964年10月16日第一颗原子弹试验成功。我们完全依靠自己的技术力量，仅仅用了4年时间就把原子弹搞出来了，我国一跃成为第四个核大国。①

“仅仅用了4年时间就把原子弹搞出来了”，话语虽然很轻松，但轻松的话语背后是邓稼先们以家国情怀的大格局战胜一个个困难，迎击一个个挫折而取得的成果。

据媒体报道，一次，航投试验时出现降落伞事故，原子弹坠地被摔裂。邓稼先深知危险，却一个人抢上前去把摔破的原子弹碎片拿到手里仔细检验。身为医学教授的妻子知道他“抱”了摔裂的原子弹，在邓稼先回北京时强拉他去检查。结果发现在他的小便中带有放射性物质，肝脏被损，骨髓里也侵入了放射物。随后，邓稼先仍坚持回核试验基地。

这就是家国情怀的大格局。为了党和国家、人民的利益，他置

① 杨春贵主编，《中国共产党艰苦奋斗100例》，中共中央党校出版社，2003年12月版，第120页。

自己的身体健康于不顾，置自己的生命于度外，以顽强拼搏的精神，破解了原子弹生产的困局。

杨振宁曾经这样评价邓稼先：“他诚真坦白，从不骄人。他没有小心眼儿，一生喜欢‘纯’字所代表的品格。”

（四）选择有效路径，拓展自身大格局

善走需得途。领导干部要拓展自身的格局也是一样，需要掌握正确的方法。关于方法的重要性，毛泽东同志在《关心群众生活，注意工作方法》一文中说过：“我们不但要提出任务，而且要解决完成任务的方法问题。我们的任务是过河，但是没有桥或没有船就不能过。不解决桥和船的问题，过河就是一句空话。不解决方法问题，任务也只是瞎说一顿。”

第一，读书学习，让视野开阔。视野开阔，方能看得高远。《庄子·秋水》云：“井蛙不可以语于海者，拘于虚也；夏虫不可以语于冰者，笃于时也；曲士不可以语于道者，束于教也。”

这段话的意思是说，井里的蛤蟆你无法跟它谈海洋，因为它的眼界受到狭小的生活环境所局限；夏天生死的虫子你无法跟它说冰雪是什么样子，因为它的眼界受到气候时令的限制；而孤陋寡闻的人，你无法跟他谈论大道理，因为他的眼界受着所受教育的束缚。

那什么时候可以跟他们谈论大道理呢？《庄子·秋水》给出了答案：“尔出于崖，观于大海，乃知尔丑，尔将可与语大理矣。”

这就是说，当你走出狭隘的河岸，向大海观看，知道你的浅薄无知的时候，就可以跟你谈论大道理了。

1939年2月28日毛泽东同志在延安第十八集团军总兵站检查工作会议上说过：“有了学问，好比站在山上，可以看到很远很多东西；没有学问，如在暗沟里走路，摸索不着，那会苦煞人。”

怎么才能走出狭隘的地界，站在山上？答案就是四个字：读书学习。

荀子云：“学者非必为仕，而仕者必如学。”（荀子《荀子·大略篇第二十七》）这句话的意思是说，学习的人不一定要当领导，而当领导的人则必须要学习。领导干部不学习，视野就会狭隘，就会本领恐慌，就会变得平庸，自然也就当不好领导。

庄子云：“水之积也不厚，则其负大舟也无力。”宋代著名思想家朱熹说：“问渠哪得清如许，为有源头活水来。”渊博的文化知识就是领导干部开阔视野这一“大舟”的“水”，就是使领导干部开阔视野 “河渠清如许”的“活水”。这就要求领导干部：尽可能地博览群书。书到用时方恨少。只有博览群书，才能广泛地汲取到各种知识素养，运用时方能取舍自由，游刃有余，左右逢源。对此，古今学者有相同的见解。

南北朝著名文论家刘勰说：“夫经典沉深，载籍浩瀚，实群言之奥区，而才思之神皋也。扬、班之下，莫不取资，任力耕耨，纵意渔猎，操刀能割，必列膏腴。是以将瞻才力，务在博见。狐腋非

一皮能温，鸡跖必数千而饱矣。”（《文心雕龙·事类》）

刘勰认为，思想精深的经典，内容博大的古籍，实在是各家学说的总汇，是他们才思的渊薮。扬雄、班固等人，没有不从里面汲取滋养，任意渔猎的。他们拿起刀子就知道怎样取舍，必然会把肥肉割取下来。这说明了要丰富自己的才力，一定要尽可能地博览群书。狐腋不是一张就能保暖，鸡爪子要几千只才能吃饱。积累学识在于广博。

当代著名思想家鲁迅先生则言：“必须如蜜蜂一样，采过许多花，这才能酿出蜜来，倘若叮在一处，所得就非常有限，枯燥了。”（《致颜黎民信》）

总而言之，一句话：“长袖善舞，多财善贾”。

培根在《论人生》中说：“读书足以怡情，足以长才，读史使人明智，读诗使人聪慧，演算使人精密，哲理使人深刻，道德使人高尚，逻辑使人善辩。”

领导活动涉及各个领域、各个方面，所以领导干部既要明政治，又要懂经济；既要知天文，又要懂地理。这就要求领导干部尽可能地博览群书。

尽量做到熟读精思。宋代著名思想家朱熹曾经说过这样一段话：“大抵观书须先熟读，使其言皆若出于吾之口；继以精思，使其意皆若出于吾之心，然后可以有得尔。”（《朱子大全·读书之要》）

朱熹的这段话的意思是说，要把书本上的知识化为自己的思想，必须在熟读精思上下功夫。囫囵吞枣似的读书，读了等于没读。只有熟读，才能理解得深透，记得扎实；只有精思，才能融会贯通。

事实上，一个人的成长过程，就是读书思考的过程。读书，有的是读有字书，有的是读无字书。当年周恩来总理就说过：“与有肝胆人共事，从无字句处读书”。读有字书，需读一流的书；读无字书，需在实践中摸爬滚打。

领导干部不管是读有字书还是无字书，都不能只读不思。只有读且思，书才能越读越薄，才能悟出其中的真谛，成为自身成长的养料。

读书要学以致用。中世纪波斯（今伊朗）的诗人萨迪说：“无论你腹中有多少知识，假如不用便是一无所知的。”他还比喻道：“有了知识而不运用，如同一个农民耕耘而不播种。”

毛泽东同志曾经在《实践论》中也说过：“如果有了正确的理论，只是把它空谈一阵，束之高阁，并不实行，那么，这种理论再好也是没有意义的。”学习的目的全在于运用。领导干部读书如果不能学以致用，即使他读了再多的书，也不能说达到了学习的最终目的。

第二，严以修身，让胸襟博大。胸襟博大，方能团结人、宽以待人。1938年7月26日，张闻天同志给延安抗日军政大学第三期毕业生作了一次题为《论待人接物问题》的演讲。他在演讲中要求学员们："要有伟大的胸怀与气魄"。

为什么首先要养成"伟大的胸怀与气魄"？因为"气量狭窄、'目光如豆'的个人与政党，是决然不能'识人'、'容人'与'用人'的。这样的个人，这样的政党，决然不能成就什么大事业。"

张闻天认为，待人接物问题是实现先进的科学的革命理论，正确的坚定的革命主张的正确的办法中的重要一部分。他说："一个革命者，一个革命的政党，必须要有先进的科学的革命理论，正确的坚定的革命主张，实现这些主张的正确办法，以及艰苦奋斗的革命精神。关于待人接物问题，即为这种办法中的重要一部分。"

由此可说，胸襟博大是领导干部实现正确主张的正确办法。

胸襟博大，就要严以修身。修身，就是修养身心，是指个人思想品德、人格方面的修炼、养成和提升。

我国自古以来就有修身的优良传统。《礼记·大学》中云："古之欲明明德于天下者；先治其国；欲治其国者，先齐其家；欲齐其家者，先修其身；……身修而后家齐，家齐而后国治，国治而后天下平。"

历览前贤，无不看重培养高尚道德的"修身"行为。孔子有"吾日三省吾身"之说；我国古代的哲人、封建士大夫亦将"修身"与"齐家、治国、平天下"看得同样重要。比如说，曾国藩。

曾国藩被人称为“晚清中兴第一名臣”。青年时代的毛泽东还曾经说过：“吾于近人，独服曾文正。”

曾国藩作为传统社会的一介儒生，如何能做到“晚清中兴第一名”，并且仕途上总是步步高升，得以成为善始善终人物？这是跟他注重自身修养有着重要的关系。他的“日课十二条”等，就足以体现他的道德修养状态。

“日课十二条”，是曾国藩的修身理论和修身方法。以下就是曾国藩的“日课十二条”：

1. 主静：无事时整齐严肃，心如止水；应事时专一不杂，心无旁物。

2. 静坐：每日须静坐，体验静极生阳来复之仁心，正位凝命，如鼎之镇。

3. 早起：黎明即起，绝不恋床。

4. 读书不二：书未看完，绝不翻看其他，每日须读十页。

5. 读史：每日至少读二十三史十页，即使有事亦不间断。

6. 谨言：出言谨慎，时时以“祸从口出”为念。

7. 养气：气藏丹田，修身养性。

8. 保身：节劳节欲节饮食，随时将自己当作养病之人。

9. 日知其所亡：每日记下茶余偶谈一篇，分为德行门、学问门、经济门、艺术门。

10. 月无忘所能：每月作诗文数首，不可一味耽搁，否则最易溺心丧志。

11. 作字：早饭后习字半小时，凡笔墨应酬，皆作为功课看待，绝不留待次日。

12. 夜不出门：临功疲神，切戒切戒！

曾国藩一生严于治军、治家、修身，实践了立功、立言、立德的封建士大夫的最高追求，被视为道德修养的楷模。不可否认，曾国藩的成才成功源于他的自身修养。

但作为党的领导干部的修身与古人的修身是有着很大不同的。

党的领导干部的修身，就是要加强党性修养，坚定理想信念，提升道德境界，追求高尚情操，自觉远离低级趣味，自觉抵制歪风邪气。周恩来总理正是因为他的严以修身而被世人称为道德楷模。

1976年1月8日，周恩来总理去世了。噩耗传出，中华大地有亿万人站在寒风中痛哭。当时，80岁高龄的胡厥文老人写了一首《悼念周恩来总理》的五言诗："庸才我不死，俊杰尔先亡。恨不以身代，凄然为国伤。"

中国著名作家冰心晚年说："周恩来总理是我国二十世纪的十亿人民心目中的第一位完人。"

在周恩来总理诞辰100周年时，著名学者梁衡撰文，评价他有惊人之"六无"：死不留灰，生而无后，官而不显，党而不私，劳而不怨，去不留言。

周恩来总理为什么能具有影响世界的人格魅力？他的自我修养

准则给出了答案：

1943年3月18日（农历二月十三日），是周恩来同志的45岁生日。同志们特地做了几道简单的菜，准备晚上为他祝寿。周恩来同志知道之后坚持不出席，只让厨房煮了碗面作为纪念。

就在这一天的晚上，他在自己的办公室，以更严格的党性标准剖析自己、反省自己、要求自己。结合整风实际，他写下了著名的《我的修养要则》：

一、加紧学习，抓住中心，宁精勿杂，宁专勿多。

二、努力工作，要有计划，有重点，有条理。

三、习作合一，要注意时间、空间和条件，使之配合适当，要注意检讨和整理，要有发现和创造。

四、要与自己的他人的一切不正确的思想意识作原则上坚决的斗争。

五、适当的发扬自己的长处，具体的纠正自己的短处。

六、永远不与群众隔离，向群众学习，并帮助他们。过集体生活，注意调研，遵守纪律。

七、健全自己身体，保持合理的规律生活，这是自我修养的物质基础。

这些要则，是周恩来同志一生自我修养的准则。[①]

第三，懂得放弃。《后汉书》中曾经讲了这样一个故事：后汉

---

① 《周恩来选集》上卷，人民出版社，1980年12月版，第125页。

时，山西太原有一个叫孟敏的人。一天，他扛着瓦罐在路上走。一不小心，瓦罐落地摔得粉碎。但他头也不回地向前走去。

有位叫郭太的人看到了，跑上前去问孟敏：为什么不回头看看？孟敏说：“从肩上掉下去肯定会摔得粉碎，我看它又有什么用？我前面还有更重要的事情要做。”

郭太认为，这是一个拿得起放得下的人，便劝他为学，果然，十年后孟敏成为一位知名学士，朝廷三公都征召他去做官，他都没有屈身前去。

[原文：（孟敏）客居太原。荷甑（炊具）摄（堕）地，不顾而去。林宗（郭太）见而问其意。对曰：“甑以破矣，视之何益？”林宗以此异之，因劝令游学。十年知名，三公俱辟，并不屈云。——《后汉书·郭太传》]

瓦罐碎了，已经不可逆了，再不舍也没用，索性放下。孟敏很智慧。

对于不可逆的事情，要懂得舍得的道理。有舍，才有得。该走得让它走，该来的自会来。关了这扇门，会打开另一扇窗。

有一次，我要飞某地讲课，高速因交通事故堵车，我即使是走了应急通道过安检，百米冲刺，还是在机舱门关闭后5分钟才抵达登机口。

要说，这真值得郁闷一回，但我觉得郁闷没用，得想办法解决问题。你说，改航班？本地一周只有两次航班。后来，我转飞沈阳，又从携程租了一辆轿车，行驶5个半小时，抵达了目的地。

对这件事情，我要是想花了钱，浪费了时间，就会懊悔、郁闷。我不这样想，我觉得既然航班飞了，不可逆了，我转飞沈阳，再坐出租轿车，这就等于坐着汽车旅行了。

所以，一路上我欢快地欣赏着沿途的美景，还随手拍了多张美景照片，收获颇丰。

真所谓关了机舱这扇门，打开了汽车的另一扇窗。

02

二

鸿沟不在年龄，而在思想是否升级改造

一般而言，在事业发展上，年龄的确是一个人的优势，但在格局的大小上，鸿沟不在年龄，而在思想是否升级改造。

一个人的思想有深度，格局才会有高度；一个人的思想有广度，格局才能有宽度；一个人的思想有温度，格局才能有亮度。因此，领导干部要具有大格局，就要锤炼思想的深度，拓展思想的广度，增强思想的温度。

（一）思想有深度，格局才会有高度

深度，是指触及事物本质的程度。而所谓思想深度，就是对问题和现象认识深入的程度。

思想肤浅的人，对问题和现象的认识，常常只停留在表面，无法做到深刻。而思想有深度的人，能抛开表象，直指问题的核心。也就是说，思维主体在思考问题时，不局限于问题的表象，而是能着眼于问题的本质，逐渐由表及里，进而实现对问题的深入思考。

领导干部如何让自己的思想有深度？首要的一个答案，就是深刻思考。

有深刻思考方能有深刻见解，思想才能有深度。一个人不管是阅读书籍，还是看人生百态，假若他不带着思考去深究，那么，他得到的只能是很肤浅的认知，自然也谈不上思想的深度。为此，应该在以下几个方面多加注意：

第一，培养独立思考能力。人们常用“独到见解”或“见解独到”来评价有深刻思想、有深刻内涵而不是“人云亦云”的讲话或文章。

这种“独到见解”是怎样来的呢？它不是说话者或作者头脑中固有的，而是来自于他的“独立思考”。

关于“独立思考”的重要性，德国著名哲学家亚瑟·叔本华说得很清楚。他说：“一种纯粹靠读书学来的真理，与我们的关系，就像假肢、假牙、蜡鼻子甚或人工植皮。而由独立思考获得的真理就如我们天生的四肢：只有它们才属于我们。”

独立思考，才能克服教条主义和拿来主义，思想才能不僵化。邓小平同志曾经说过，一个政党，一个国家，一个民族，如果一切从本本出发，思想僵化，迷信盛行，那它就不能前进，它的生机就停止了，就要亡党亡国。所以，毛泽东同志形象地要求：“教条主义必须休息，而代之以新鲜活泼的、为中国老百姓所喜闻乐见的中国作风和中国气派。”

善于独立思考，要培养质疑意识。“学起于思，思源于疑”。只有疑问，才能激发探究的欲望。西方哲学史曾经记载过这样一则故事：

一天，罗素问大哲学家穆尔：“谁是你最好的学生？”穆尔毫不犹豫地回答：“维特根斯坦。”“为什么？”“因为，在我所有的学生当中，只有他一个人在听课时总是流露出迷茫的神色，老是有一大堆问题问我。”

后来，维特根斯坦的名气超过了罗素。于是，有人问维特根斯坦：“罗素为什么落伍了？”维特根斯坦回答道：“因为他没有问题了。”

缺乏质疑意识，是不能独立思考的一个重要原因。能独立思考的人，对任何问题、任何事物都能问一个“为什么”，并能很快地进入到思考的状态，即有强烈的质疑意识。他们爱提出疑问，并且努力地探求原因，寻求答案。相反，不善于独立思考的人，对任何问题、任何事物都视而不见，熟视无睹，充耳不闻，无动于衷，即缺乏问题意识。

古人认为：“大疑则大悟，小疑则小悟，不疑则不悟。”不善于质疑，只是一味地相信，“凡是书本上写的便是正确的，凡是前人说的便是真理，迷信书本，崇拜前人，不敢越雷池一步”，这样的人，自然不会有什么独到的见解。

第二，养成思考的习惯。思考的习惯是需要培养的。但实际上许多人每天忙于具体工作，很少能够腾出点时间来进行思考。结果，遇到问题，就只能人云亦云了。

养成思考习惯，要清除怠惰因子。我们中华民族向以勤劳著称，但也毋庸讳言，我们的头脑中也有怠惰因子。这种怠惰因子虽然有先天的遗传，而更多是由话语霸权所造成。所谓话语霸权，就是由某些机构、某些人或某个人垄断着话语的权力，别人只能俯首听命，没有说话的资格。如封建社会皇帝的话就是金科玉律，任何人都要遵照执行，不允许有任何的异议。

正是这种话语霸权，造成了怠惰因子。因为在话语霸权下，一般人的思考、表达是无效的，不仅想也白想，甚至还会造成灭顶之灾。因此，就从不敢想，到不敢说；从不愿想，到不愿说；从懒得想，到懒得说。结果，最终形成了怠惰因子，而这怠惰因子便导致了思维的僵化。于是，人们习惯于接受圣人现成的教诲，懒得自己独立思考；习惯于接受别人现成的经验，懒得自己多作分析。

第三，把知识转化为见识。有知识不一定有见识。没有见识谈何思想有深度？君不见有些文章，有些讲话虽然能体现出一种材料的丰富性，体现出一种知识积累的“厚度”，但往往没有深度，没有“透”度，道理没有讲透彻，理论与实际不相联系。读来、听来热闹非凡，但读后、听后常常会给人一种空洞的感觉。其原因就在于作者、讲话者的知识没有转化为见识，尚未把从他人书本上读来的东西，消化、转化为自己的东西。

对于知识和见识，日本的稻盛和夫说过一段很精辟的话：

知晓了各种事情，就把“知识”拿出来炫耀，这是评论家做的事。他们阅读大量文献，博学且拥有丰富的知识。但即便拥有再多的知识，对人生并没有太大的意义。你只是成了一个知识渊博的人而已。

同时，如果说“那个人有见识”，则不仅指拥有知识。是指在广泛学习后，在拥有知识的基础上，还通过领会知识，拥有了“非这样做不可”的信念。

不仅拥有知识，而且知识升华到“非这样做不可”的信念时，就成了见识。

通过自己的所知，能强烈认识到“非这样做不可”。像这样，将知识升华为一种信念，这就叫见识。

要知道，一个人仅有知识，而没有见识，那就是纸上谈兵。战国时期的赵国人赵括就是纸上谈兵的典型人物。

据史书记载，赵括从小就学习兵法，谈论兵家大事，认为天下没有能比得上他的。他曾经和父亲赵奢谈论兵事，父亲都难不倒他。但他父亲并不认为他有能力。赵括的母亲问赵奢其中的原因，赵奢曰：“打仗，是生死攸关的地方，而赵括太轻率的讨论它了。如果赵王不让他当将军就罢了，如果一定要让他当将军，打败赵军的人一定是赵括自己。”

赵括代替了廉颇以后，全部变更了军法，轻率的任用军官。秦国的将军白起听说以后，指挥奇兵，假装打败撤退，而断绝赵军的粮道，把赵军一分为二，赵军士气不能统一。被困四十多天，赵军非常饥饿，赵括亲自指挥精兵搏战，秦军用箭射死了赵括。

赵括的军队大败，数十万赵军投降了秦国，秦国将他们全部活埋了。

（原文：赵括自少时学兵法，言兵事，以天下莫能当。尝与其父奢言兵事，奢不能难，不谓善。括母问奢其故，奢曰："兵，死地也，而括易言之。使赵不将括即已；若必将之，破赵军者必括也!"

赵括既代廉颇，悉更约束，易置军吏。秦将白起闻之，纵奇兵，佯败走，而绝其粮道，分断其军为二，士卒离心。四十余日，军饿，赵括出锐卒自搏战，秦军射杀赵括。

括军败，数十万之众遂降秦，秦悉坑之。——《史记·廉颇蔺相如列传》）

赵括纸上谈兵的故事告诉后人，空谈理论而不能解决实际问题，这种理论再好也是没有实际意义的。所以，有了知识，还要把它转化为见识，以此来解决实际问题。

一个人能走多远，取决于他的见识。因此，领导干部不仅要积累丰富的知识，还要把知识转化为见识。

如何把知识转化为见识?

读书学习，要"六经注我"，不要"我注六经"。"六经注我，我注六经"，是宋代理学家陆九渊的名言。

所谓"六经注我"，是阅读者利用六经的话，来解释自己的思想；所谓"我注六经"，是阅读者去尽量理解六经的本义。

要把知识转化为见识，读书学习就不能"我注六经"，见山是山，见水是水；而应该是"六经注我"，即带着目的去读书学习，将别人的知识为己所用，变成自己的见识，来指导自身的生活和工作。

读书学习，要把握知识点本质上所讲的道理。事情的背后总有道理，读书学习要善于把握这种道理，把握了这种道理，就要用它来解释工作生活中的现象，并思考自己的行为通过这个理论可以进行哪些方面的改进。

第四，建立自己的哲理思维框架。列宁在读克劳塞维茨《战争论》一书时，曾摘录了这样一段文字："生活中最重要的事，就是探求一种可以据以理解和评价一切事物的观点，并坚持这一观点。因为只有根据一个观点，我们才能从许许多多现象中掌握其统一性，只有具有一个统一的观点，我们才不至于陷于矛盾。"

这种能统御一切事物、一切现象的观点，就是哲学上所说的本原。人类历代有智慧的人，都试图直接抓住万事万物的本原。庄子说："吾生有涯而学无涯，以有涯随无涯，殆已！"

现象世界是无限纷繁的，追逐现象莫如探求本原。古希腊米利都学派认为万物的本原是水；毕泰戈拉派认为"一"是万物的本原；赫拉克利特认为"世界是一团不断转化的活火"；老子说"道生一、一生二、二生三、三生万物"。道是万物的本原；宋明理学家认为"理"是万物的本原，如陆九渊说："千万世之前有圣人出焉，同此心同此理也；千万世之后有圣人出焉，同此心同此理也；东南西北海有圣人出焉，同此心同此理也。"

马克思主义认为世界的统一性是物质，即物质是万物的本原。

如果我们能从本原论出发，建立起自己的哲理思维框架，那么对纷繁复杂的现象世界，就能在一个高层次上把握其本质，在各个学科之间，各种学说之间看到它们的内在联系，这样我们关于事物的见识、见解，也就不是零碎的、割裂的，我们能从世界万象中掌握其统一性，而不致于陷于矛盾之中。

而要抓住事物的本原，建立自己的哲理思维框架，不可能通过接受某种现存理论模式而达到。这需要我们有一种不断地追求真理、探求真知的精神，需要不懈的努力，我们才可能逐步增长我们的见识，扩大我们的见解，使我们的精神境界、智慧不断地跃上更高的层次。

（二）思想有广度，格局才会有宽度

一个领导干部要有大格局，不仅思想要有深度，还要有广度。

广度，是指范围。就抽象事物来说，是向周围延伸的程度。而所谓思想的广度，就是能以“全角”审视客观事物，从而获得对事物的全面的认知。或者说是思维延伸、联想所能囊括的范围。

人人都有思想，其差距在于广度、深度和温度。思想的广度、深度和温度是思想的三个重要特性。思想的深度，是人对问题的认识能追根溯源，看到它的本质特征，是纵向范围；而思想的广度，能看到它的具体细节，是横向范围。

沟壑虽深，深不过思想的深度；海洋虽宽，宽不过人的思想广度。

一个思想有广度的领导干部，才能有大格局，不被一叶障目，不见泰山。领导干部要想思想有广度，需要在以下几方面着力：

第一，拓宽思维广度。所谓思维广度，就是思维主体能根据整个问题，善于从多角度、多方位来对问题进行思考。换言之，思维在关注事物的质的同时也会对事物的量（具体细节）进行思考。

“不识庐山真面目，只缘身在此山中。”苏轼的这两句诗就是广度思维的一个很好的例子。广度思维，让思维主体站在一个宏观层面去“识得庐山真面目”。

那么，如何拓宽思维的广度？要拓宽思维的广度，需要在“三多”上下功夫。

多读书。清人吴乔曾在《围炉诗话》中引用了明人冯定远的一段话。冯定远说：“多读书则胸次自高，出语皆与古人相应，一也。博识多知，文章有根据，二也。所见既多，自知得失，下笔知取舍，三也。”这段话的意思是说，多读书就能通晓事理，胸怀宽广，眼力深远，出言立意不同凡俗；多读书就能见多识广，占有丰富的语言材料，著文立说便会避免贫乏浅陋之病；多读深思，持之以恒，则能自悟作文的窍门儿，并能借鉴他人成败的经验教训，在借鉴中有所创新。

冯定远的话虽然论述的是读书与写作的关系，但对拓宽思维也适用。书籍是储藏知识的宝库，知识则是人类思想文化的精华。当你打开这座宝库的大门，吸收了人类思想文化的精华，你就会变得才思敏捷，思维广阔。这正如培根所说：“读书足以怡情、足以长才，读史使人明智，读诗使人聪慧，演算使人精密，哲理使人深刻，道德使人高尚，逻辑使人善辩。”（《论人生》）

也正如习近平总书记2013年3月1日在中央党校建校80周年庆祝大会暨2013年春季学期开学典礼上的讲话中所说：“学史可以看成

败、鉴得失、知兴替；学诗可以情飞扬、志高昂、人灵秀；学伦理可以知廉耻、懂荣辱、辨是非。”

多实践。书本知识是实践经验的总结，但它又不能穷尽，也不可能穷尽所有的实践经验；况且，实践又是发展的，是一种永不停止的创造活动，因此，知识也就不断地被创造出来。所以，一个人要想拓宽思维广度，在重视向书本学习知识的同时，还要重视向实践学习。要在实践中理解、丰富书本知识；在实践中获得新知识。

恩格斯为什么能与马克思一道创立了无产阶级和人类解放的学说，就是因为他善于在实践中观察和研究。

列宁在谈到恩格斯《英国工人阶级状况》一书的写作时说过：“恩格斯是在英国，在英国工业中心曼彻斯特认识无产阶级的。他在1842年迁到这里，在他父亲与人合办的一家商号中服务。在这里，他并不只坐在工厂的办事处里，他常常到工人栖身的肮脏的住宅区去，亲眼看见工人贫穷困苦的情形。但是，他并不满足于亲身的观察，他还阅读了他所能找到的在他以前论述英国工人阶级状况的一切著作，仔细研究了他所能看到的一切官方文件。这种研究和观察的结果，就是1845年出版的《英国工人阶级状况》一书。”

1927年1月4日至2月5日，毛泽东同志考察了湖南湘潭、湘乡、衡山、醴陵、长沙等五个县的农民运动，毛泽东同志为了答复当时党内党外对于农民革命斗争的责难，用了三十二天的时间，实地考察了湖南五个县的情况，最终写出了《湖南农民运动考察报告》这篇指导无产阶级及其政党领导农民革命斗争的纲领性文献。

综观《湖南农民运动考察报告》全文，我们可以看到毛泽东同志的思维广度。比如，毛泽东同志在文章中对农民各个阶层的科学分析，就充分显示了他的思维广度。他在文章中分析说：

农民中有富农、中农、贫农三种。三种状况不同，对于革命的观感也各别。……乡农民协会的办事人（多属所谓“痞子”之类），拿了农会的册子，跨进富农的大门，对富农说：“请你进农民协会。”富农怎样回答呢？“农民协会吗？我在这里住了几十年，种了几十年田，没有见过什么农民协会，也吃饭。我劝你们不办的好！”富农中态度好点的这样说。“什么农民协会，砍脑壳会，莫害人！”富农中态度恶劣的这样说。

中农呢？他们的态度是游移的。他们想到革命对他们没有什么大的好处。他们锅里有米煮，没有人半夜里敲门来讨账。他们也根据从来有没有的道理，独自皱着眉头在那里想：“农民协会果然立得起来吗？”“三民主义果然兴得起来吗？”他们的结论是：“怕未必！”他们以为这全决于天意：“办农民会，晓得天意顺不顺咧？”在第一时期内，农会的人拿了册子，进了中农的门，对着中农说道：“请你加入农民协会！”中农回答道：“莫性急啦！”一直到第二时期，农会势力大盛，中农方加入农会。他们在农会的表现比富农好，但暂时还不甚积极，他们还要看一看。农会争取中农入会，向他们多作解释工作，是完全必要的。

乡村中一向苦战奋斗的主要力量是贫农。从秘密时期到公开时期，贫农都在那里积极奋斗。他们最听共产党的领导。他们和土豪劣绅是死对头，他们毫不迟疑地向土豪劣绅营垒进攻。

毛泽东同志为什么能深刻地分析出农民中富农、中农、贫农三种状况，以及他们对于革命的不同态度：富农的态度是消极的，中农的态度是“游移”的，贫农是农民协会的“中坚”，是打倒封建势力的“先锋”，就是源于他的深入实地调查的实践，而通过实践，他的思维广度大大地拓宽，从而明确了农民是中国革命的主力，为农村包围城市道路的选择提供了支撑。

周恩来总理在年轻的时候曾经写过一副格言联自勉：“与有肝胆人共事，从无字句处读书。”“有肝胆人”指有理想有血性的革命者，“无字句处”指的就是社会实践这所大学校。

多联想。以事物的共性多进行联想，是拓宽思维广度的有效路径。共性指不同事物的普遍性质，它决定事物的基本性质。

联想虽然是以记忆为前提条件，但它却不是单纯的回忆。而是首先把“记忆库”中的两个记忆元素提取出来，再通过想象力，在两个不同的表象之间建立起联系，由此及彼，形成联想。由某人或某事物能想起其他相关的人或事物；由某一概念能想起其他的相关概念。

请看欧阳修在《秋声赋》中是怎样联想的：

欧阳子方夜读书，闻有声自西南来者，悚然而听之，曰：“异哉！”初淅沥以萧飒，忽奔腾而砰湃，如波涛夜惊，风雨骤至。其触于物也，鏦鏦铮铮，金铁皆鸣；又如赴敌之兵，衔枚疾走，不闻号令，但闻人马之行声。余谓童子：“此何声也？汝出视之。”童子曰：“星月皎洁，明河在天，四无人声，声在树间。”

夜里读书的欧阳修，通过淅沥澎湃的秋声，联想到波涛声和风雨声，联想到金铁的撞击声，联想到军队的行进声。而那位童子却感悟不到任何人的声音。

多联想能拓宽思维的广度，而这思维的广度能增宽思想的广度，从而放大自身的格局。发生在小岗村第一书记沈浩身上的这件事就说明了这一点：

2005年夏天的一个夜晚，沈浩结束了一天繁忙的工作，回到了驻地。他刚刚在床上躺下休息，就见电闪雷鸣，暴雨倾盆。

沈浩想起徐庆山一家还住在三间危房里，便翻身从床上爬起来，摸件雨具就往外冲。天黑路滑，沈浩在泥泞的路上深一脚浅一脚，一口气跑到徐庆山家，忙了大半夜，把徐庆山一家安顿好后才放心地回去休息。

打这以后，沈浩下决心要改善群众住房条件，并四处筹钱，终于在年底前建好了第一批住宅新区。2006年春节前，包括徐庆山在内的26户农民都高兴地住进了160平方米的两层楼房。

沈浩由暴雨想到徐庆山家的危房；由徐庆善家的危房想到其他群众的住房条件，这种联想拓宽了他的思维广度，而这种思维广度，拓展了他的思想广度。

这也反映出沈浩始终把人民放在心中最高位置的大格局。

第二，保持探索精神。探索精神，就是研究未知真理的精神。拓展思维的广度，不仅要多读书、多实践、多联想，还需要保持或增加对物质科学世界和人文社会世界的探索，这才是拓展思维广度的根本之道。

在这探索未知真理的行为过程中，领导干部不仅要了解前人的研究成果，要总结前人的研究方法，还要创造前人没有的研究成果，要创新前人没有过的研究方法。

这不断了解、总结、创造、创新的过程，就是领导干部不断学习科学知识的过程，也是领导干部不断提高拓展自身思维广度的过程。领导干部在探索的过程中，要把握以下几点：

唯实不唯人。唯实不唯人，是说领导干部在对物质科学世界和人文社会世界的探索过程中，要一切从客观实际情况出发，通过细心研究、悉心观察、深入探索、认真分析来探求其内在的发展规律，从而得出科学的结论，而不盲从他人或以自己的主观臆想代替客观事实。

盲从他人和主观臆想都是与实事求是的原则相违背的，其结果，“探索”出来的东西必然是不尊重客观实际，主观和客观相分离，理论和实践相脱节。这是探索精神之大忌。

踏实不浮躁。踏实不浮躁，是说领导干部在对物质科学世界和人文社会世界的探索过程中，要有脚踏实地的工作态度，认真负责的研究精神。不因懒惰而敷衍塞责，不因名利而草率了事。“板凳要坐十年冷，文章不说半句空。”这是前人的治学座右铭，也是领导干部今天保持探索精神的箴言。只有如此，领导干部才能耐得住寂寞，耐得住清贫，从而探索出科学真理来。

诚实不虚假。诚实不虚假，是说领导干部在对物质科学世界和人文社会世界的探索过程中，要遵守诚实的道德规范，不玩虚假的把戏。诚实是人的一种品质操守。这种品质操守最显著的特点是：讲真话，忠实于事物的本来面貌，不歪曲篡改事实，不隐瞒自己的真实思想，不掩饰自己的真实情感，不说谎，不作假，不为不可告人的目的而欺骗别人。

第三，养成观察习惯。拓展思维广度，离不开观察。观察是认识客观事物的重要方法。视觉生理学研究证明：一个正常的人从外界所接受到的信息，有百分之九十以上是从视觉通道输入的，人的大量知识是通过这种途径获得的。

人们常说：“处处留心皆学问”，这话说得有道理。只要我们注意留心生活中的人、事、物，我们总会看到、听到有用的东西。

观察虽然离不开用眼睛看，但却不是一般的看。它要用脑去想，用心去体会，去感觉。走马观花，是称不上观察的。

观察要仔细。法国著名作家莫泊桑说过：“必须详细地观察你所要表达的东西，时间要长，而且要全神贯注，才能从其中发现迄今还没有看到与说过的那个方面。”观察细，观察透，才能了解事物的本质，把握事物的特点。高适改诗的故事很能给我们以启发：

唐朝著名诗人高适曾担任过观察使，这观察使就是每逢各地发生水旱灾害时，朝廷派出的安抚慰问官员。

这一年，浙江东部台州遭了灾，朝廷派高适前往巡察。因为当时交通很不发达，既没有汽车，也没有火车，更甭说有飞机了，所以，高适一行人只能骑马坐轿慢慢朝台州走去。

这一天傍晚，一行人走到杭州的清风岭上，住在一座寺庙里。此时，正是仲秋季节，清风岭上景色宜人，高适不禁诗兴大发，提笔在寺庙的墙壁上写了一首绝句：

绝岭秋风已自凉，鹤翔松露湿衣裳。

前村月落一江水，僧在翠微闲竹房。

第二天，天刚蒙蒙亮，高适等人便继续上路了。然而，当他走到钱塘江边，一看江水时，他不由得愣住了。

原来，昨天的一江水，仅剩下半江了。江边的打鱼人告诉他，这江水是月升时随潮而涨，月落时随潮而退。

看着这江水，听着这渔夫的话，想着昨夜自己所题的诗，高适的心里很不是滋味。要不是公务在身，他真想飞马回去把那与事实不符的“前村月落一江水”改过来。高适带着遗憾，离开了杭州，但心里仍记着那“一江水”的事。

转眼间，一个多月过去了。高适完成了在台州的巡察任务返京时，便专程取道清风岭，投宿僧房，将来时写的“一江水”改为“半江水”，这才满意而去。

“一江水”与“半江水”虽然只是一字之差，但却表现了诗人严谨求实的写作态度，有错必改的认真精神。“一江水”与事实不符，是因为观察不细或没能实地观察，想当然；“半江水”符合实际，是因为对江水进行了细致的观察。

观察要抓特征。观察除了要仔细，还必须抓特征。如果观察时眉毛胡子一把抓，是看不出有个性特点的东西来的。

怎样抓特征？抓特征就得有所取舍，要从各个不同的角度，去捕捉生活中最新颖、最典型、最有特点的形象。如果观察人，你可以尝试着从他的外表、举动、语言以及生活习惯上去把握他的特征；如果观察物，你可以尝试着从它的形态、数量、质地、色彩以及变化上去把握它的特征。古今中外的文学大师们无一不在这方面有意识地训练自己的观察能力。请看苏联著名作家高尔基等人的故事：

一天，高尔基、安德烈耶夫和布宁三人相约一起到一家饭馆里比赛观察能力。他们刚落座不久，就进来了一个人。

高尔基看了看说，他脸色苍白，身穿灰布衣服，还长着一双细长的手。

安德烈耶夫反应慢了些，说不清楚。

布宁说，这个人穿灰色衣服，领带上有小花点，小指上的指甲不正常。他的眼睛总是东张西望，精神也不振作。布宁说了他的观察之后断定说，这个人是个骗子。事后一打听，布宁所说的果然不假。

不难断定，这次比赛是布宁赢了。布宁之所以能在比赛中获胜，一个根本的原因，就是他善于抓特征。高尔基虽然也观察得不错，但布宁观察得更细致、特征抓得更准，就连小指甲的不正常也没放过。

观察要分析。鲁迅先生曾经指出："不要看了就写，观察了又观察，研究了又研究，精益求精，哪怕是最平凡的事物也能创造出生命来。"这里，鲁迅先生不仅强调了观察的必要，更强调了研究的重要，研究就得分析，分析便能从"最平凡的事物"中"创造出生命来"。事实正是这样，看而不动脑分析，只能是"熟视无睹"，看也等于白看。请看泰勒的教训：

泰勒是美国《纽约时报》的记者，在他刚到报社的时候，曾经吃过看而不分析的亏。

那一天，编辑部的头儿派他去采访一位红得发紫的女演员的演出。泰勒兴致勃勃地及时赶到了剧场。但到那儿一看，泰勒的兴致一下子全没了，剧场门前冷冷清清。只有几个退票的人和一块写有“因故本场演出取消”的牌子。泰勒见没戏可演，也没多想，转身回家睡觉去了。

谁知，半夜时分，编辑部的头儿怒气冲冲地敲开了他家的门，对他吼道：“你怎么搞的？人家各大报头条新闻就是这位名演员自杀的消息，你倒好，什么也没发现？”泰勒听后，惊呆了。

由泰勒的失职可以看出，观察不等于看，要有思维的参与，这样才能由此及彼。泰勒忽视了这一点，所以，到手的新闻轻易地就被他给丢掉了。要知道，在资本主义社会，这演出取消本身就是新闻，而这新闻的背后可能还有新闻。泰勒因经验不足，没动这个脑筋，结果，虽然看到了停演的牌子，也只是看了看而已，毫无效果可言。

（三）思想有温度，格局才会有亮度

领导干部要扩大格局，不仅要锤炼思想的深度，拓展思想的广度，还要增强思想的温度。增强了思想的温度，格局才会有亮度。

一说到思想，有人就可能把它与冰冷的说教相联系，把它与高冷的色调相关联。其实，这是不正确的认知。

事实上，思想是有温度的。思想的温度，是指思想上有情有义，具有人文关怀。

思想上的温度可以在“以人为本、善意解读、家国情怀”这12个字上得到彰显。

第一，以人为本。这里所讲的“以人为本”，是指在思想上要尊重人的生命，肯定人的力量、价值与尊严，强调尊重人、关心人、爱护人，树立以人为中心的理念。这是思想有温度的根本。

《论语·乡党》有言：“厩焚。子退朝，曰：‘伤人乎？’不问马。”

马棚失火，孔子退朝回家，问：“伤人了吗？”不问马。这说明，在孔子看来，人比马重要。看得出来，孔子对人的生命的重视。

一个有着以人为本思想的人，思想才能有温度。孔子的思想是有温度的，他的思想的核心是“仁”，“仁”的主张是“仁者爱人”，这一主张是要求统治阶级体察民情，反对苛政。孔子认为，要实现“爱人”，还要遵循“忠恕”之道，就是“己所不欲，勿施于人”的要求。

周恩来总理也是一个思想有温度的人。当年，周恩来总理在审查葛洲坝工程方案时，对身边的人讲，长江出乱子，不是一个人的事，不是你的事，也不是我的事，是整个国家、整个党的事。“我对这个问题是战战兢兢，如临深渊，如履薄冰。”

周恩来总理这段话所表达的思想，就很有温度。这种温度就是对人民的极端负责，就是以人为本，尊重人的生命，爱护人民，从而温暖着人民的心。

第二，善意解读。一个人要想思想有温度，在社会生活中就要学会善意解读。

善解人意，是个常用成语，词典上的解释是：“善于理解他人的意思，想法。”如果用此成语夸赞某人，就意味着某人能体谅人体贴人。这固然没错。但我知道了一件事情之后，让我对这个成语的意思又有了不同的认知。事情是这样的：

我女儿的闺蜜喂养了一只流浪猫。她喂养了多日，突然有一天早晨，这只流浪猫给她的门口叼来了一只死老鼠。

她很生气，跟我女儿抱怨：“这流浪猫怎么恩将仇报啊，我喂养它，它却给我送死老鼠？”

我女儿听了之后对她说：“它是感恩你呀。猫喜欢吃老鼠，它把最喜欢的美食送给了你。”

我们看看，同样一件事情，解读起来不一样。我欣赏女儿的解读。这是一种善意的解读。由此我认为，善解人意也可以解释为“用善意来解读别人的观点和做法”。

反思我们当今的社会，很缺乏这种善意解读。做好事被解读为作秀，关心别人被解读为不怀好意，给领导、组织提点意见被解读为……即使旅游高兴了在微信朋友圈发几张旅游景点照片，吃饭快乐了发几张美食图片，也会被解读为炫富，还名为“拉仇恨”。更让人无语的是，有人在微博上晒几张孩子的照片，也有人评论说，晒什么晒，谁家没有孩子，然后是诅咒的话。这是怎么啦？

我上述的这段文字是想说明，对别人日常工作生活中的一些做法和看法（犯罪、搞阴谋诡计的除外）要学会善意解读。

其实，善意解读是一种修养，是一种能力，是使思想有温度的重要路径。

善意解读，先要有一种“包容”之心。“包容”，不是宽容。宽容，是认为别人有错，自己大度能容；包容，是认为别人没错，只是跟自己认知不一样，所以，我吸纳别人的意见，完善自己，即使是恶意的意见，也用来警示自己。

善意解读，要有一种欣赏能力。有欣赏能力，才能盯着别人的优点看，甚至能从别人的一大堆缺点中看到优点，而不是吹毛求疵专找别人的不足。事实上，盯着别人的优点看，在成就自己的同时也会成就别人，利人又利己的事情何乐而不为？

有这样一个故事：黑人司机载了一对白人母子。孩子问："为什么司机伯伯的肤色和我们不同？"母亲答："上帝为了让世界缤纷，创造了不同颜色的人。"

到达目的地，黑人司机坚持不收车费。他说："我小时候曾经问过母亲同样问题，母亲说我们是黑人，注定低人一等，如果她换成你的回答，今天我一定会有不同的成就。"我很喜欢这个故事。这就是善意解读。

善意解读，需要有一种友善的眼光。有了友善的眼光，才能以与人为善的角度去理解他人的做法和观点，而不是以敌视的角度去看待一切事情。

总而言之，社会上多一个善解的人，社会就会多一分安宁，多一分和谐；家庭中多一个善解的人，家庭就会多一分宁静，多一分和睦；单位里多一个善解的领导，单位里就会多一分团结，多一分力量。

愿世界安宁和谐，家庭宁静和睦，单位团结有力，让每个人都能享受到世界的美好，享受到家庭的幸福，享受到单位的温馨。

第三，家国情怀。工作中要有家国情怀。有家国情怀的思想，既对自己国家和人民所表现出来的深情大爱，也有对国家富强、人民幸福所展现出来的理想追求。这一点对领导干部来说，特别得重要。领导干部的家国情怀，主要体现在始终把人民放在心中最高的位置，解决好群众最关心最直接最现实的利益问题。

始终把人民放在心中最高的位置，是我党的优良传统。早在党的“七大”上，毛泽东同志就明确指出，我们共产党人区别于其他任何政党的一个显著的标志，就是和最广大的人民群众取得最密切的联系。全心全意地为人民服务，一刻也不脱离群众；一切从人民的利益出发，而不是从个人或小集团的利益出发。

领导干部要做到在任何时候、任何情况下，都要把人民群众的根本利益置于首位。

抗日战争时期，黄克诚将军率领部队在苏北地区打击敌人。1943年春节前夕，日寇集结了数万兵马，疯狂地向苏北抗日根据地发动进攻，妄图将抗日军民一网打尽。

为暂避敌人的锋芒，黄克诚将军决定将部队从淤黄河的南岸撤到北岸，跳到敌人合击圈外进行斗争。

当时，淤黄河没有桥，指战员们便用小木船架起了一座船桥。船桥刚刚“架”好，敌人就逼近了。情况危急，部队必须立即过河。

可就在这时，附近村庄的数百名老百姓扶老携幼地拥到了河边。敌人的枪声越来越近，有的炮弹已经打到了河里。人多，桥窄，时间紧，危险大，怎么办？只见黄克诚将军站在南岸船桥口上，大声向正在过桥的部队命令道：“部队停止，先让老百姓过桥。”

等百姓们在战士们的掩护下，安全地到达了北岸后，黄克诚将军才下达了部队继续过桥的命令。

面对敌人的围追堵截，黄克诚将军首先想到的不是自身的安危，而是百姓的安危。“让老百姓先过河”就是对党的宗旨的践行，就是始终把人民群众的根本利益置于首位，这就是思想的温度。

一事当前，是先想着人民群众的安危冷暖，还是只顾个人得失进退，是检验领导干部的试金石。

我们常讲，要维护大局。什么是大局？可能给出多种答案，但在我看来，大局就是人民群众的根本利益，就是人民群众的生命健康安全，就是人民群众的衣食住行。

因为我党的核心价值就是：“立党为公、执政为民，实现好、维护好、发展好最广大人民的根本利益。”

一个具有大格局的领导干部，他的思想必须是有温度的，这种温度来源于他对人民群众深沉的爱，来源于他对人民群众的极端负责，为了人民的利益敢于担当、善于担当。“全国十佳基层法律工作者”、“模范公务员”、“一级英模”、甘肃省古浪县黑松驿乡司法助理侯殿禄，就是这样的领导干部。

俗话说："清官难断家务事"，"民间纠纷最难办"。而侯殿禄每天面对的，恰恰多是这些涉及婚姻纠纷、赡养纠纷、债务纠纷、宅基地纠纷等的家务事和民间纠纷。

对于这些家务事、民间纠纷，侯殿禄自然知道处理它的难度，但他更知道，小事往往是大事的根。有些小事如果不能得到及时处理，轻则会伤和气，重则大动干戈，甚至闹出人命。因此，侯殿禄不回避，不退缩，敢于担当责任。

他说："老百姓的事，没人管可不行；我吃司法助理员这碗饭，就要断清家务事，解决好民间纠纷。"

要说司法助理员的确是个苦差事，权力不大，责任不小，吃苦、费劲、劳累。气头上，群众有时还把怨气撒给调解人。对此，侯殿禄却从不感到委屈。他认为："只要群众矛盾化解了，我苦点累点没啥！"

1988年11月，小坡村一名妇女难产而死。家人要把她埋在邻近芦草沟村的一块坡地上。芦草沟有人认为不吉利，竭力反对，双方相持不下。

侯殿禄闻讯，马上顶风冒雪赶到10公里外的现场，同其他乡干部连续调解两昼夜，却没有效果。

第四天一大早，小坡村人把尸体抬上山，挖坑准备埋葬，芦草沟受到迷信观念影响的群众聚集坑边拦阻。争斗一触即发。侯殿禄在雪地里奔来跑去，终于把双方暂时劝住了。

当天晚上，两村的村民又在山岭上摆开了阵势，数百人手持棍棒、铁锨，怒目相对。侯殿禄赶紧叫人把尸体放回原地，并忍着一些人的辱骂，警告双方村民谁也不能动手，并反复讲解破除迷信移风易俗的道理。

他的苦口婆心终于感动了群众，第五天，双方同意就地土法火化尸体。然而谁都不愿沾上“邪气”，没人提供木柴。他只好自己雇来拖拉机从山下拉来木柴、煤油。临近山岭，拖拉机上不去，瘦弱的侯殿禄弯着腰，迎着呼啸的北风、纷飞的大雪，走两步退一步，一点一点把木柴背上山。此时，已是晚上9点多钟了。

这时人们都躲得远远的。侯殿禄扯着沙哑的嗓子说：“我是共产党员，不信鬼，我来火化！”

他从笔记本上撕下几页纸，解开棉袄挡住风，点燃木柴。一直烧到次日凌晨2时，零下近30摄氏度的山顶上只剩下他和乡党委书记、干事3个人。到此时，侯殿禄已有90多个小时没挨一下热炕，没吃一口热饭了。

看到侯殿禄这样拼命地工作，不辞劳苦地为群众解决纠纷，有人便问他：“你这样干图个啥？”侯殿禄说：“我图的是乡亲们能过上安稳日子。”①

通过上面的文字描述，我们看到的是一个敢于担当责任的具有

---

① 中共中央宣传教育局，《新时期共产党员的风采》，学习出版社，2001年5月版，第219—231页。

大格局的乡司法助理。

他的权力虽然不大，但他有着一颗为人民、为党、为政府负责的心；他的职位虽然不高，但他有着担当责任的崇高精神境界；他虽然身处偏僻的黑松驿乡，但他有着很有亮度的大格局。

（四）正确的思想是扩大格局的基础

思想，词典上解释说，它是客观存在反映在人的意识中经过思维活动而产生的结果，是人类一切行为的基础。

思想既然是人类一切行为的基础，那么，思想的正确与否，就决定着行为的是否正确，决定着人生的价值如何，也决定着人的格局的方向。

所以，领导干部要扩大格局，不仅思想要有深度、广度和温度，更要有正确度。正确的思想是格局扩大的基础。

第一，树立正确的世界观。世界观，是人们对整个世界总的看法和根本的观点。世界观一旦形成，就会对人的活动发生支配作用，发挥决定性的作用。

领导干部树立正确的世界观，就是要坚持辩证唯物主义和历史唯物主义的马克思主义的世界观，始终坚持代表最广大人民群众根本利益的政治方向、政治立场和政治观点，自觉地把人生追求和价值目标融入到为中华民族伟大复兴的奋斗之中。

领导干部树立了这样的世界观，才能淡泊名利、克己奉公、无私无畏，具有大格局。

邓颖超同志就是一位有着正确价值观的大格局者。她把党和人民的事业看得比泰山还重，但对她自己的身前身后事，却看得非常淡泊。

1982年，党的十二大确定了领导干部离退休制度，决定废除领导干部终身制。

邓颖超认为自己已经快满78岁了，理应带头响应党的号召，带头申请退休，在行动上支持中央的改革方针。

于是，她给党中央写了一封非常诚恳的信，希望中央批准她退休。她在信中写道：

“我作为一名老共产党员，应自觉地响应党中央的号召，坚决执行退休制度，诚恳地要求中央批准我退休。在退休之后，我仍坚持在党的领导下，继续作一个名副其实的共产党员，为人民服务，为社会主义和共产主义不懈地奋斗。”

中央常委、政治局和书记处的同志传阅了邓颖超的信后，深为邓颖超的高风亮节所感动。

长期革命战争的艰苦生活，使邓颖超的身体受到了严重的损害，她患有多种疾病。因此，早在1978年，她就对自己的身后事作了安排。

7月1日党的生日那天，她给中央写了一封信，谈及自己身后事的处理方法。她写道：

“人总是要死的。对于我死后的处理，恳切要求中央批准我以下的请求：1. 遗体解剖后火化。2. 骨灰不保留，撒掉。这是在1965年决定实行火葬后，我和恩来同志决定的。3. 不搞遗体告别。4. 不开追悼会。5. 公布我的这些要求，作为我已逝世的消息。因为我认为共产党员为人民服务是无限的，所作的工作和职务也都是党和人民决定的。”

1982年6月17日，担任了中央政治局委员、中纪委第二书记的邓颖超，又将此信重抄了一遍，并结合当时的情况，增加了新的内容。增加的内容主要有两点：“1. 我所住的房舍，原同周恩来共住的，是全民所有，应交公使用，万勿搞什么故居和纪念等，这是我和周恩来同志生前就反对的。2. 对周恩来同志的亲属、侄儿女辈，要求党组织和有关单位的领导和同志们，勿因周恩来同志的关系，或以对周恩来同志的感情出发，而不依据组织原则和组织纪律给予照顾安排。这是周恩来同志生前一贯执行的，我也坚决支持的。此点对端正党风是非常必要的。我无任何亲戚，唯一的一个远房侄子，他很本分，从来不以我的关系提任何要求和照顾。以上两点，请一并予以公布。邓颖超1982年6月17日重写。”

从这封信中，我们看到了一位伟大的无产阶级革命家的高尚胸怀。她心中唯有党和人民的事业，没有半点杂念。她的高风亮节，她的高尚风范，值得我们永远景仰。

相反，一个人如果没有正确的世界观，则会陷入迷途。韩桂芝就是因为世界观严重错位，最后走上了犯罪的道路。

韩桂芝曾经担任过中共黑龙江省委组织部部长，中共黑龙江省委副书记，省政协主席等高级领导职务。但是，她的世界观是严重错位的，不信马列主义而迷信佛法。

据报道，韩桂芝家里有一个面积很大的佛堂，里面供奉着菩萨。菩萨的两侧，还有一副对联。这副对联的上联是：菩萨保我做大官，下联是：我做大官供菩萨。她认为自己仕途之所以顺风顺水，就是佛主保佑的结果。

她被“双规”之后，还埋怨菩萨：“我供了你这么多年，你也不保佑我。”

其实，韩桂芝的世界观错位、搞封建迷信问题，并非是个案，据媒体披露，许多落马的领导干部都有这方面的问题，譬如，广东省政协原主席、党组书记朱明国烧香拜神，非常迷信，别墅里供奉着数尊神像；再譬如，曾先后在河北省魏县、永年、大名三地担任县委书记的边飞，在对他采取措施后，清点他的随身物品时，3个小红布包引起了审查人员的注意。拆开红布包，里面是画着符咒的黄纸，仔细辨认，依稀认出“蒲志安永久绝败”“保佑边飞化恶成祥”等字句。

蒲志安曾任永年县工业园区管委会主任，为了个人前途和工作中得到时任县委书记边飞的支持和关照，曾4次送给边飞4张银行卡，共计45万元。2011年底，蒲志安因其他违纪问题被组织调查，后被开除党籍、开除公职，并被移送司法机关处理。

在蒲志安被调查的那段时间，边飞心神不宁，担心被蒲志安牵连出来，但他不是主动向组织交代问题，而是找所谓的“高人”给他念咒画符保佑他。

除了随身带着3个所谓的“护身符”，边飞脖子上还挂着一个翡翠观音。据他后来交代，这是他花大价钱求来保佑自己平安的。①

第二，树立正确的权力观。权力观，是对权力的基本态度和看法。权力从哪里来、为谁掌权、如何掌权？这是权力观的基本问题。在中国政治文明的视野下，领导干部要树立正确的权力观，就是要确立以下的理念：

“权由民授”。中华人民共和国宪法明确规定：“中华人民共和国的一切权力属于人民。”执政党执政、领导干部执政，都源于人民授权。对权力来源和性质的正确认识和判断，是树立正确权力观的首要问题。

“权为民用”。权为民用，是共产党人权力观的本质，是正确权力观的价值取向。权力的性质决定权力的功能，人民的权力，只能用来为人民服务。

“权受民督”。权力是一把“双刃剑”。运用得好，可以给人

① 尹健，河北省大名县委原书记边飞案剖析，中国纪检监察报，2015年12月11日。

民带来福祉；滥用权力、以权谋私，将会祸国殃民，伤及自身。

因此，领导干部在牢记“权由民授”、实践“权为民用”的同时，还要不断强化“权受民督”的意识，在行使权力时，自觉地接受人民群众的监督。

焦裕禄同志为什么能成为具有大格局的党的优秀领导干部？这跟他树立了正确的权力观有着直接的关系。

他始终强调：“我们不是百姓的父母，而是老百姓的儿子，还要做听人民群众话的孝子，我们不是为民做主，人民才是主，人民要自己做主人，我们就是长工，是给人民扛长活的。”这就自觉地摆正了与人民群众的关系。也正因为如此，焦裕禄时刻把人民群众的安危冷暖挂在心上。权为民所用，利为民所谋，心为民所系。

第三，树立正确的政绩观。政绩，是施政的成绩。所谓政绩观，就是对施政成绩的总体看法和根本观点。领导干部的政绩为谁？树立什么样的政绩？怎样树立政绩？是政绩观的基本问题。

正确的政绩观，诚如习近平总书记所讲的：“正确的政绩观，体现在政绩的内容上，应该是实实在在、有利于地方和单位的建设和发展；在创造政绩的目的上，应该是为党、为人民，而不是为了一己之私；在创造政绩的途径上，应该是脚踏实地，而不是投机取巧，牺牲后代利益，以浪费资源为代价。”

领导干部要有“功成不必在我任期”的理念和境界，注意防止和纠正各种急功近利的行为，不贪一时之功、不图一时之名，多干打基础、利长远的事。

有些领导干部，急功近利，只求在任时多出成绩，快出成绩，于是，盲目做决策，缺少长远发展规划，以至于出现了“前任政绩后任债”、“一任政绩几任包袱”的现象。这种政绩观是要不得的。

三

走出隧道，才能看到天空和阳光

心理学上有个隧道视野效应：一个人若身处隧道，他看到的就只是前后非常狭窄的空间。只有走出隧道，他才能看到天空和阳光。

隧道的空间限制了人的视野，使人的目光变得狭隘，看不到更宽广的世界。领导干部要想具有大格局，就不要被自己所处的环境所局限住，要走出隧道，开阔自己的视野。开阔视野自然离不开读书、行路，但从不同的角度看问题也不失为一种重要的开阔视野的路径。

"视野所及，心之所止"。雄鹰翱翔天空，能俯瞰山川河流；青蛙坐在井底，以为井口上的天就是全世界。因此，要格局大，眼界必高，眼界高时才能无障碍。

（一）恭维话是香水，可以闻，但不能吞

清朝末年，著名学者俞樾在他的《一笑》中，讲过一个故事：

有位京官，要调到外地上任。临行前，他去跟恩师辞别。恩师对他说："外地不比京城，在那儿做官很不容易，你应该谨慎行事。"

京官说："没关系。现在的人都喜欢听好话，我呀，准备了一百顶高帽子，见人就送他一顶，当不至于有什么麻烦。"

恩师一听这话，很生气，以教训的口吻对京官说："我反复告诉过你，做人要正直，对人也该如此，你怎么能这样？"

京官说："恩师息怒，我这也是没有办法的办法。要知道，天底下像您这样不喜欢戴高帽的，能有几位呢？"

京官的话刚说完，恩师就得意地点了点头说："你说的倒也是。"

从恩师家中出来，京官对他的朋友说："我准备的一百顶高帽，现在仅剩下九十九顶了！"

这个故事虽然是个笑话，但却说明一个问题：谁都喜欢听赞扬

的话，就连那位教育学生“为人要正直”的老师也未能免俗。

为什么人们喜欢听赞扬的话？因为每个人都有渴求别人赞扬的心理期望。因此，遇到赞扬，都乐于接受。

尽管每个人都有渴求别人赞扬的心理期望，但面对他人的赞扬，还是头脑清醒一点好。尤其是身居领导岗位的领导干部，更要保持清醒的头脑。因为有时候一些人对你的赞扬并非是恰如其分、实事求是的赞扬，而是用恭维的话来逢迎、吹捧、谄媚你。

一些用恭维的话来逢迎、吹捧、谄媚你的人，会肆意夸大你的政绩和水平，会肆意拔高你的素质和能力，会肆意夸赞你的道德和风度。

对于“恭维话”，多数领导干部还是很有辨别能力的。他们知道哪些是符合实际的赞扬，哪些是逢迎、吹捧、谄媚的话。

但是，也有的领导干部缺乏这种识别的能力，将“恭维话”当作是对自己的评价之语，从而使那些善于逢迎、吹捧、谄媚的人得逞。

作为领导干部如果将“恭维话”当作是对自己的评价之语，会带来许多危害。

第一，扰乱心智。所谓扰乱心智，就是对人正常的思维、判断形成干扰，使其不能正确而客观地看待问题、分析问题和判断问题。

领导干部如果心智被扰乱，就会妄自尊大，罔顾事实，从而造成决策失误。

比如，被处以死刑的安徽省原副省长王怀忠，就是一个在赞扬声中妄自尊大，罔顾事实，从而造成决策失误的官员。

王怀忠曾经担任过阜阳市委书记。阜阳有干部讲：“没有王怀忠不敢说的话，没有王怀忠不敢干的事。”

阜阳，就是他的家天下。阜阳的土地，只有他的“一支笔”才有权批。

一些不法开发商因此而投其所好，带着年轻美貌的女子去陪他喝酒。他喝得高兴，就大笔一挥。

更有甚者，他还在酒桌上拍胸脯：“多喝一杯，平均一亩地均减价一万。”

据媒体报道，王怀忠在阜阳主政期间，凭借透支地方财力物力，策划了一系列的形象工程，一手制造了“阜阳神话”。

王怀忠“好大喜功”在阜阳是尽人皆知。那几年，在阜阳“大”字几乎是口号、标语中使用频率最高的字眼。“构建工业大走廊、营造外贸大都市”，“十大农业舰队，五大农业工程”等等。

还有一件事情不能不提。1994年，王怀忠到东南亚转了一圈之后，回到阜阳，说是受到启发，决定在阜阳建世界上最大的动物园，养一千只老虎和一万条巨鳄，进行“资源综合开发、利用”。

“龙潭虎穴”工程折腾了近3年之久，最后成了劳民伤财的工程。

王怀忠在任的时候，一些人知道他特别喜欢别人赞扬吹捧他，就投其所好，竭尽赞扬之能事。比如，有人就给他送过一幅字，上书：“颍（阜阳）亳两州一圣王”。王怀忠如获至宝，作为珍品收藏。

“圣王”？他还真好意思笑纳。

第二，故步自封。一个人如果将“恭维话”错当评价之语，他就会认为自己真的就是能力超强，真的就是思想深刻，真的就是道德高尚。于是，他便飘飘然，不再注意能力的提升，不再注意思想的改造，不再注意道德的修养，从而故步自封起来。

故步自封会让一个人的世界变得越来越窄，让一个人的格局变得也越来越小。

晚清名人左宗棠为什么在平定新疆之后再无功绩，就是沉湎于别人的吹捧中而不能自拔，甚至自己也逢人就吹，老夫当年在新疆如何如何，自诩为诸葛亮，“今亮”常挂在他的嘴边。后来，湖南的郭昆焘被人称作“新亮”，左宗棠就自称为“老亮”。

据《清稗类钞》记载，左宗棠担任陕甘总督之时，林寿图为藩司。藩司是官名，明清时为布政使的别称，指主管一省民政与财务的官员。

林寿图会作诗喜欢喝酒，还很诙谐幽默，左宗棠经常跟他饮酒赋诗聊天。

一天，林寿图正跟左宗棠笑谈的时候，前方传来捷报，林寿图盛赞左宗棠妙算如神，佩服不已。左宗棠听了，拍案自夸道：“此诸葛之所以为亮也。”点赞自己为“今亮”。

随后，两个人又谈论品评人物。左宗棠痛责时人自称诸葛者之多，林寿图看左宗棠表现出对自称诸葛亮的时人的不屑，也拍案道：“此葛亮之所以为诸（猪）也。”

其实，林寿图是说其他自称诸葛亮的人是猪，来衬托、吹捧左宗棠。但左宗棠却以为林寿图是在讽刺自己，两个人居然由此结怨。

这段记载让后人看到了左宗棠故步自封而且没有大格局的形象。

第三，败坏风气。“上有所好，下必趋之。”领导干部如果得意于别人的恭维、吹捧、谄媚，下面的人就会投其所好。于是，“阿谀之态不绝于前，奉承之声不绝于耳”。如此一来，就没有人愿意说实话、真话，也没有人敢说实话、真话。久而久之，歪风就要盛行，正气就得不到伸张。

比如说乾隆皇帝。乾隆皇帝好大喜功，别说是逆耳忠言，就是顺耳忠言他也听不进去。尤其是到了晚年，他越来越昏聩，自诩十全老人，认为自己有十大功绩，并将自己的功绩用四种文字，镌刻在石碑之上。

因为乾隆皇上好大喜功，他的身边就聚集了一大堆阿谀逢迎之徒。尤其是和珅，更是使尽浑身解数来讨好乾隆，而且取悦龙心还有术。

史书记载，和坤非常“善解高宗意”，且常出奇招。乾隆皇帝喜欢吟诗作赋，和珅早年就下工夫收集乾隆的诗作，并对乾隆用典、诗风、喜用的词句了解得一清二楚，这让乾隆皇帝对他另眼相看。

乾隆皇帝的母后归天时，和珅知道乾隆对母后感情深厚，他就时刻陪在乾隆身边，痛哭流涕，一连几天，茶不思，饭不想，如丧考妣。

和坤的阿谀逢迎、溜须拍马让乾隆皇帝很是受用，和坤也因此得到重用二十余年，而这二十年间吏治严重败坏，多地爆发起义，其闭关锁国政策也达到了顶峰，拉大了和西方的差距，使清朝统治出现了危机。

第四，用人失察。领导干部如果得意于别人的恭维，就会对吹捧和谄媚自己的人另眼相看、视为知己，并加以重用。如此一来，善于谄媚者会得到提拔，不善奉承者就会受到压制，从而造成用人失察。上面所说的乾隆皇帝与和珅就是如此。

唐代名相宋璟[①]对待溢美之词的态度值得钦佩，值得学习。

---

① 宋璟（663年—737年），字广平，河北邢台市南和县阎里乡宋台人。官历上党尉、凤阁舍人、御史台中丞、吏部侍郎、吏部尚书、刑部尚书等职。唐开元十七年（公元729年）拜尚书右丞相。授府仪同三司，晋爵广平郡开国公，经武、中宗、睿宗、殇帝、玄宗五帝，在任52年。一生为振兴大唐励精图治，与姚崇同心协力，把一个充满内忧外患的唐朝，改变为政治、经济、文化、军事处于世界领先地位的大唐帝国，史称“开元盛世”。

宋璟为相期间，广州的官吏百姓“怀其惠政”，请为他立碑颂德。宋璟知道后，坚决拒绝，并对唐玄宗说：“臣之治不足纪”，广州的官吏百姓因为我是当朝宰相，“故为溢辞，徒成谄谀者”。他请求唐玄宗，纠正阿谀之风，“请自臣始”，建议下诏禁止阿谀之风。

对赞扬自己的话，领导干部要学会思辨。如果是符合实际的赞扬，应该把它作为对自己的激励；如果是“溢美之辞”，则要置之脑后，并警惕谄媚者。

有人说：“恭维的话就像是香水，你可以闻一闻，但千万不要把它吞下去。”这句话还真的挺有道理。

学会思辨赞扬的话，也是防止“捧杀”的良药。“捧杀”，是个典故。此典故出自《风俗通》：“长吏马肥，观者快之，乘者喜其言，驰驱不已，至于死。” 这段话的大意是说，有位官员养的马膘肥体壮，路人看到马奔跑得快便大加赞美，骑马的人听了这些话甚为得意，于是快马加鞭，让马奔跑不已，最终马被累死了。

“五四”运动爆发后，时任北京大学校长的蔡元培先生1919年5月9日在辞职启示中引用了这个典故。其原话为：“吾倦矣，‘杀君马者道旁儿’”。意思是说，杀你马的人就是在道旁给你的马鼓掌的人。爱之者就是害之者。也就是捧杀。

鲁迅先生曾经撰有《骂杀与捧杀》一文，今日依然值得品读。

（二）盲目地自我陶醉，就会夜半临深池

年羹尧（1679—1726年）在清朝历史上称得上是有名的人物。他是拥立雍正继位的重要将领，雍正帝对他那是恩遇、宠信有加。但他最后却被雍正皇帝赐自尽。其教训不能不令人深思。

年羹尧怎么受雍正皇帝的恩遇、宠信？这里简单说两件事。

雍正元年正月，雍正帝下旨命令年羹尧来京，跟他共商地方事宜，“商酌地方情形”，并赋予重任；雍正二年三月，年羹尧因为平定青海部落叛乱有功，晋一等公。何谓一等公？清朝异姓功臣分为九等爵位，其中各种爵位又分为一、二、三等。这么说吧，“一等公”就是公爵里面最高的爵位。怎么个高法，我也说不大清楚，再说下去，我的有限的历史知识就露怯了。但我知道，“一等公”每年的薪水是700两银子。雍正皇帝曾红笔批示:“十年以来，从未立此奇功”；“总之皆你一人的好处”。

这么说来，年羹尧是位高权重薪水多。但是，他在权力巅峰处却仅仅待了半年左右，就跌落到山谷里了。

雍正二年九月，年羹尧奉命来京。十月十一日，雍正帝接见

了他。要说能够受到皇帝接见这是好事一桩，但现实却让人大跌眼镜。

年羹尧在京城待了一个多月刚离京，雍正帝就在四川巡抚王景灏奏折上用红笔批示：“年羹尧今来陛见，不知精神不加，不知功高自满，有许多朕不取处。”现已“被朕看破”，“非无瑕之器”，“奏对之间错乱悖谬，举止乖张，大露擅作威福，市恩揽权情状。”

看看，皇帝不满意了。当年（1724年）十二月，年羹尧离开京城，抵达西安，给皇帝上了个折奏：我在圣上身边工作了三十多天，对您没有什么大的帮助，而我自己却犯了许多错误，我反省自己扪心自问，惶恐汗下。（原文：“奔走御座之前三十余日，毫无裨益于高深，抵自增其愆谬。返己扪心，惶汗交集。”）

雍正皇帝接到奏折，于十二月十一日，在奏折上批了这样一段话：

大凡为人臣子的，图谋建功立业容易，真正成功立业的难；成功立业容易，能守住把持功业的难；能守住把持功业容易，能终生守住把持功业的难。如果依仗功劳来干坏事，一定会招致反恩为仇。这历来是人之常情。功臣要得以保全，需要具备三个条件：一靠君主防微杜渐，不让功臣们陷于危险境地；二靠功臣们自己相机行事，自己不至于蹈其险辙；三靠大小臣工避嫌远疑，不把功臣们推上绝路。这三者缺一不可，而最为关键的，是你们这些功臣不要没事找事。期望咱们君臣相互勉励，慎重对待。

（原文：“凡人臣，图功易成功难，成功易守功难，守功易终功难；……若倚功造过，必致返恩为仇，此从来人情常有者。尔等功臣，一赖人主防微杜渐，不令致于危地；二在尔等相时见机，不肯蹈其险辙；三须大小臣工避嫌远疑，不送尔等至于绝路。三者缺一不可，而其枢机在尔等功臣自招感也。……我君臣期勉之！慎之。”）

这段话简而言之，就是作为一个功臣，是很危险的。一不小心，就会陷入危地，踏上险辙，走进绝路，由功臣变为罪人。所以，必须慎重。

雍正皇帝为什么要在年羹尧的奏折上批上这样一段话？一个主要的原因就是年羹尧的居功自傲，专横跋扈。

在西安都督府，年羹尧也把自己弄得跟皇上一样，给人东西叫“赐”，吃饭称“用膳”，请客叫“排宴”。他在雍正二年十月进京觐见途中，居然命令都统范时捷、直隶总督李维钧等跪着迎送他。抵达京城，王公以下官员出城跪迎，而年羹尧居然坐在马上，安然行过，看都不看他们一眼。王公大臣下马向他问候，他也只是点点头，根本不把他们放在眼里。更有甚者，年羹尧在雍正皇帝面前，居然像簸箕一样两腿张开坐着，所谓“箕坐无人臣礼”。

于是，年羹尧在结束觐见回任之后，就接到了雍正皇上的那道谕旨，警告年羹尧要慎重自持。此后，年羹尧的境遇就直转而下。

雍正三年十二月十一日，雍正帝下了处死年羹尧的谕旨。雍正四年，年羹尧被赐自尽。

年羹尧死后，雍正又用红笔批示："大凡才不可恃，年羹尧乃一榜样，终罹杀身之祸。"

年羹尧之死告诉后人，即使功劳显赫，也不能自我陶醉、志得意满，更不能功高盖主。

老子曾经说过这样一段话：踮脚而立者站不长久，跨步而行者走不快。仅靠自己的眼睛看不清楚，自以为是者判断不清是非，喜欢自我夸耀者建立不了功勋，自高自大者不能长久。

（原文："企者不立，跨者不行；自见者不明，自是者不彰；自伐者无功，自矜者不长。"——《道德经·二十四章》）

这里，老子告诫"自见者""自是者""自伐者""自矜者"等骄傲自大的人，如果妄自尊大，就如同"企者"和"跨者"，是立不住，也走不远的。

可叹，年羹尧。他如果能读读《道德经》，听从老子的教诲、忠告，恐怕就不是那样的下场了。可惜，没有"如果"，只有后果。

晚唐诗人杜荀鹤在《泾溪》诗中云："泾溪石险人兢慎，终岁不闻倾覆人。却是平流无石处，时时闻说有沉沦。"

这首诗虽然明白如话，但道理却深邃隽永。人生如同扬帆远航。滩险急流处，鲜见翻船者；平流无石处，屡见落水人。一个人在取得一定的成绩后，千万不能得意忘形，更不能功高盖主。

"山外青山楼外楼，更有英雄在前头"；"智者千虑，必有一失"；"术业有专攻"。要知道，盲目地自我陶醉，比面对的公开的挑战更具有危险性。这就是人们常说的："自高必危，自满必溢"。盲目地自我陶醉，就会盲人骑瞎马，夜半临深池。

获得成功，不要以为自己就很完美；取得成就，不要以为自己就功高盖世；有点名声，不要以为自己就名震全球；身居高位，不要以为自己就不可一世。做人做官都还是低调一点好。

（三）不要被“善意”的阴谋所蒙骗

阴谋，都是邪恶的，何来“善意”的？看了下面的故事，您就明白了，什么是“善意”的阴谋了。

田常，是齐国田氏家族的首领之一，为田氏家族第八任首领。

齐简公时，田常和阚止任齐国的左、右相。公元前481年，田常发动政变，杀死了阚止和齐简公，拥立齐简公的弟弟为国君，就是齐平公。田常自任相国。

田常对齐平公说：“喜欢受赏，憎恨受罚，是人之常情。所以，咱们君臣不妨这样分工，赏恩的好事，由您来施行；惩罚的恶名，请让臣下来承担。”

齐平公见田常自己承担恶名，把美誉让给自己，很是高兴，便欣然同意了。他哪里知道，人们固然喜欢赏赐，但更害怕受到惩罚。

当田常把惩罚权掌握在自己的手里之后，国人害怕的就不是齐平公，而是田常了。所以，按照齐平公与田常的分工做法，仅仅五年的时间，齐国的政权就被田常所把持了。

（原文：田常言于齐平公曰："德施人之所欲，君其行之；刑罚人之所恶，臣请行之。"行之五年，齐国之政皆归田常。——《史记·田敬仲完世家》）

这就是"善意"的阴谋。口言蜜，腹似剑。打的是为别人好的旗号，干的却是坑害别人的勾当。

俗话说："害人之心不可有，防人之心不可无。"虽然防人之心不可无，但有的时候，就一般人而言，比如我，还真的不知道应该防人什么。何况"明枪易躲，暗箭难防。"公开的攻击容易躲避，隐秘的攻击难以提防。

事实上，隐秘的攻击形形色色，林林总总，可以说，有时候是防不胜防。尽管防不胜防，但我们知道一点防的东西总比不知道的好。

比如说，这"善意"的阴谋，一定要防。这种"善意"的阴谋，就是"口蜜腹剑"，也可以说是"高级黑"。

表面上给你提的是看似好的建议，实质上是要用这种好的建议把你一棍子打下悬崖。比如说，唐玄宗时官居"兵部尚书"兼"中书令"的李林甫。

李林甫与人交往，笑容可掬，说出话来，让人感觉都是"善意"的建言。但"善意"的背后，却是阴谋。比如，某日，李林甫对左相李适之说："华山盛产黄金，开采后可以使国家富强，估计圣上还不知道。”李适之生性粗疏，信以为真，便上奏了唐玄宗。

唐玄宗很高兴，便问李林甫知不知道这件事。李林甫说：“臣早就知道了，但华山是陛下的本命、王气的宅舍，怎么可以随便开采呢？所以不敢告诉您。”

唐玄宗由此认为，李林甫深爱自己，而李适之是想坑害自己，逐渐地疏远了李适之。后来，李适之因恐惧而服毒自杀了。一条命就葬送在李林甫“善意”的建言中，细思极恐。

（原文：天宝元年，（李适之）代牛仙客为左相，累封清和县公。尝与李林甫争权不协，林甫阴贼，即好谓适之曰：“华山生金，采之可以富国，顾上未之知。”适之性疏，信其言，他日从容为帝道之。帝喜以问林甫，对曰：“臣知之旧矣，顾华山陛下本命，王气之舍，不可以穿治，故不敢闻。”帝以林甫为爱己，而薄适之不亲。——适之惧，仰药自杀。——《新唐书》）

警惕“善意”的阴谋，还要小心身边人的“捧杀”阴谋。不要以为赞扬你的人就是真心欣赏你，批评你的人就是心里讨厌你。

不是所有的赞扬都是真心诚意的。对于赞扬，领导干部要有所警惕。有的赞扬也许是投其所好，也许是阿谀逢迎，也许是别有用心。

不是所有的批评都是跟你过不去的。对于批评，领导干部应该有所鉴别。

有的批评建议是真心实意地为你好。比如说，我经常在微信公众号上发文章，有时候笔误，把“势利”写成“势力”；有时候文章标号标错了。我的一个博士看完文章，都会提醒我。对于他的提醒，我真的是非常高兴、非常感谢。有了这种提醒，我在写作时会越来越注意，以后文章正式发表时，就不会再错了。

有的批评建议是真正对你的关心。比如说，有领导喜欢喝酒，他的下属肯定不会说，领导，您以后少喝点，醉了形象不好。除非这个下属不想在这个领导手下工作了。而他的同僚竞争者，也许嘴上在说，王局，您酒德酒风酒量真好，心里却在想，喝吧，使劲喝，喝疯了才好。但他的父母则会不厌其烦地提醒儿子，最好不喝，要喝也是少喝，酒喝半醺。

一个清醒的人不会在赞扬面前昏头，也不会因为没有批评就志得意满。古代著名的官吏、思想家晏婴就是如此。

有个叫高缭的人，在晏子身边工作了三年。后来晏子把他给辞退了。

有人就此责问晏子：“高缭追随你，三年也没有给他一个职务，反而把他赶走，在道义上说得过去吗？”

晏子说：“我是个狭窄浅薄的人，经过礼义廉耻的要求我才正直起来，现在这个人追随我已三年，从来就没有纠正过我的过错，所以我才把他赶走。”

（原文：高缭仕于晏子，晏子逐之。左右谏曰：“高缭之事夫子三年，曾无以爵位而逐之，其义可乎？”晏子曰：“婴仄陋之人也，四维之然后能直。今此子事吾三年，未尝弼吾过，是以逐之也。”——《说苑·臣术》）

晏子真的很清醒。他不因为高缭追随自己三年而委高缭以重任，相反却把他扫地出门。晏子不是不讲道义，他讲的是“国之大道”。跟随自己三年，却从来一次也不纠正自己过错的人，是不值得信赖的。

（四）不要恃才傲物，也不要恃才放旷

恃才傲物，是个成语，它的意思是说，依仗着自己的才能而骄傲自大，看不起别人。这个成语，来源于一个典故。据《梁书列传·第二十九》记载：

南朝梁人萧子显很有学问，官至吏部尚书。这吏部尚书权力不小，而且是实权。全国官员的任免、考核、升降、调动等事宜都掌握在他的手里。

萧子显性格庄重而朴实，但自恃有学问，很少有看得上的人。据史书记载，他在主持选拔举荐工作事宜时，“见九流宾客，不与交言，但举扇一挥而已”。

所谓九流宾客，就是各种人物。也就是说，他当上了吏部尚书之后，不管见到什么人物，从来不跟人家说话，只是举起扇子，一挥而过。当然，皇帝是要除外的。

萧子显可能太“清高”了，“清高”得世间容不下他了，年仅49岁，阎王爷就把他招了去。

萧子显染病身亡下葬时，他的家人上疏简文帝，请简文帝给他

个谥号。简文帝手诏“恃才傲物，宜谥曰‘骄’。”意思是，自负其才而藐视别人。

这是简文帝给他的盖棺定论。我们想一下，别人跟他打招呼，他就“举扇一挥”，遇到这种傲慢之人，他人会如何想。书中记述说：“衣冠窃恨之”。

这里的“衣冠”是官宦的代称。就是说，一些官吏私下里都痛恨他。看来，人们不喜欢恃才傲物的人，或者说恃才傲物招人恨。

（原文：子显性凝简，颇负其才气。及掌选，见九流宾客，不与交言，但举扇一捻而已，衣冠窃恨之。……及葬请谥，手诏“恃才傲物，宜谥曰骄”。——《梁书列传·第二十九》）

事实证明，恃才傲物者都不会有好前程。古今概莫能外。我们前面说过，萧子显恃才傲物，被“衣冠窃恨之”，后来，他的“本家”萧颖士，则因恃才傲物而仕途受阻。

据唐末五代王定保（870—940年）所撰写的《唐摭言》卷三记载，唐玄宗开元二十三年，萧颖士考中了进士。他自恃有才华，傲慢无比，把别人都不放在眼里。

萧颖士经常提着一壶酒，到野外去寻找美景。一次，他住在一家小旅馆，独酌独饮。突然，狂风大作，暴雨倾盆。一位身穿紫色衣服的老人领着一个小孩来小旅馆躲避风雨。他见这位老人闲散随意的样子，就非常放肆地欺侮他。

不久，风停雨霁，很快就来了一辆马车。老人上了马车，侍卫喝令行人让道，离开了。

萧颖士急忙问身边的人，这位老人是谁？有人告诉他，这是吏部的王尚书。哇，原来是组织部长。

当初，萧颖士曾经登门拜访这位组织部长，但未能见到，此时他惊愕得舌头伸出半尺。

第二天，萧颖士写了一封长信，到王尚书府上去谢罪。王尚书让人把萧颖士领到自家偏房的廊下，很鄙夷地看着他，并对他说："很遗憾，你不是我的亲属，不然，我一定要狠狠地教训你。"

停了一会儿，王尚书又说："你依仗着文学的才名，如此倨傲怠慢，也就能中个进士吧。"

后来，萧颖士死在扬州功曹（州牧的属官）任上。

（原文：萧颖士开元二十三年及第，恃才傲物，敻无与比。常自携一壶，逐胜郊野。偶憩于逆旅，独酌独吟。会风雨暴至，有紫衣老父，领一小僮避雨于此。颖士见其散冗，颇肆陵侮。逡巡，风定雨霁，车马卒至，老父上马呵殿而去。颖士仓忙觇之，左右曰："吏部王尚书也。"颖士常造门，未之面，极所惊愕，明日，具长笺，造门谢。尚书命引至庑下，坐而责之，且曰："所恨与子非亲属，当庭训之耳！"复曰："子负文学之名，倨忽如此，止于一第

乎！”颖士终于扬州功曹。——《唐摭言》卷三）

萧颖士真是有眼不识“组织部长”。在我看来，萧颖士不仅恃才傲物，还是个势利眼。见老人闲散随意，就肆意羞辱；知老人是吏部尚书，就登门谢罪。

其实，恃才傲物与势利眼是孪生兄弟。综观那些恃才傲物者，他们在其上级领导面前，在对他有用的人的面前，很少有傲得起来的。

但要知道，恃才傲物如果养成了习惯，就会随时随地恃才傲物。

如果随时随地恃才傲物，就不知何时何地遇到“吏部的王尚书”，就算不遇到“吏部的王尚书”，遇到“吏部的李处长”，或者遇到“吏部的王科长”，恐怕其仕途也会终止于“扬州功曹”。

要说仅仅其仕途终止于“扬州功曹”还算幸运，要是再恃才放旷，还会因此而遭遇命止。东汉的杨修（175—219年）就是如此。所谓恃才放旷，就是炫耀自己的才能。

罗贯中在《三国演义》这部小说中认为，杨修之死就是因为“恃才放旷”，又遭曹操忌才，后借口“鸡肋”一事被杀。

杨修是杨震的玄孙，杨彪的儿子，出身高官显宦之家。曹操称魏王时，杨修任曹操主簿。

杨修才气过人。《世说新语·捷悟篇》记载，有人送给曹操一杯奶酪，曹操吃了一点，就在杯盖上写了一个“合”字给大家看，谁都看不懂是什么意思。按顺序传到杨修那里，杨修便吃了一口，说:“曹公教我们每人吃一口啊，还有什么好犹豫的？”

（原文：人饷魏武一杯酪，魏武啖少许，盖头上题“合”字以示众。众莫能解。次至杨脩，脩便啖，曰：“公教人啖一口也，复何疑？”——《世说新语·捷悟篇》）

因为杨修有才气，曹植、曹丕等太子都愿意跟他结交。他还多次帮助曹植通过曹操的测试。曹操知道曹植得到杨修的帮助才通过测试，很是气愤。

曹操曾经写信给杨修的父亲杨彪说：“足下贤子，恃豪父之势，每不与吾同怀，即欲直绳，顾颇恨恨。”曹操的意思是说，你儿子仰仗着家族显赫的权势，常常不能跟我一条心，我想加以纠正，却看他颇怀怨恨。

最终杨修因为恃才放旷，而被曹操杀害。关于杨修之死，《三国演义》第七十二回记载：

操屯兵日久，欲要进兵，又被马超拒守；欲收兵回，又恐被蜀兵耻笑，心中犹豫不决。适庖官进鸡汤。操见碗中有鸡肋，因而有感于怀。正沉吟间，夏侯惇入帐，禀请夜间口号。操随口曰：“鸡肋！鸡肋！”惇传令众官，都称“鸡肋”。

行军主簿杨修，见传“鸡肋”二字，便教随行军士，各收拾行装，准备归程。

有人报知夏侯惇。惇大惊，遂请杨修至帐中问曰：“公何收拾行装？”修曰：“以今夜号令，便知魏王不日将退兵归也：鸡肋者，食之无肉，弃之有味。今进不能胜，退恐人笑，在此无益，不如早归：来日魏王必班师矣。故先收拾行装，免得临行慌乱。”

夏侯惇曰：“公真知魏王肺腑也！”遂亦收拾行装。于是寨中诸将，无不准备归计。

当夜曹操心乱，不能稳睡，遂手提钢斧，绕寨私行。只见夏侯惇寨内军士，各准备行装。

操大惊，急回帐召惇问其故。惇曰：“主簿杨德祖先知大王欲归之意。”操唤杨修问之，修以鸡肋之意对。操大怒曰：“汝怎敢造言，乱我军心！”喝刀斧手推出斩之，将首级号令于辕门外。

罗贯中写到此处，点评说：“原来杨修为人恃才放旷，数犯曹操之忌。”

罗贯中接着说，操尝造花园一所，造成，操往观之，不置褒贬，只取笔于门上书一“活”字而去。人皆不晓其意。修曰：“门内添‘活’字，乃阔字也。丞相嫌园门阔耳。”

于是再筑墙围，改造停当，又请操观之。操大喜，问曰：“谁知吾意？”左右曰：“杨修也。”操虽称美，心甚忌之。

杨修三十四岁时被曹操所杀。后人有诗曰：“聪明杨德祖，世代继簪缨。笔下龙蛇走，胸中锦绣成。开谈惊四座，捷对冠群英。身死因才误，非关欲退兵。”

对杨修之死因，后世也有其他说法，但就罗贯中所写来看，杨修是“为人恃才放旷，数犯曹操之忌”。

《淮南子·原道训》云：“善游者溺，善骑者坠，各以其所好，反自为祸。”比喻有某种专长的人，常因自恃有本领而招祸。

杨修之死也告诫后人，既不能“恃才傲物”，也不能“恃才放旷”，有才也要谦虚谨慎，夹着点尾巴。

04

四

乐观豁达，能在困境中见到机遇

一个具有大格局的领导干部，必定是一个乐观豁达者，而非悲观褊狭者。乐观豁达者能在困境中见到机遇，坚定前行；而悲观褊狭者即使是在机遇中见到的也是困境，畏缩不前。

苏轼之所以能成为“唐宋八大家”之一，跟他的乐观豁达是分不开的。苏轼一生坎坷，境遇苍凉，但他却没有因此沮丧沉沦，而是在坎坷、苍凉中保持着乐观豁达。“莫听穿林打叶声，何妨吟啸且徐行。竹杖芒鞋轻胜马，谁怕？一蓑烟雨任平生。”就是他乐观豁达的真实写照。

（一）用心去发现和感受生活中的美好

社会生活中，有邪恶、有丑陋、有阴谋、有诡计，更有美好，但这种美好需要我们用心去发现，去感受。

为什么要用心去发现、去感受，而不是用眼睛去发现、去感受？因为如果不用心去发现去感受，就可能熟视无睹，就可能充耳不闻，只有用心，才能真正的发现、感受到社会生活中存在的美好。

第一，用心去发现生活中的美好，要有一颗善良的心。有善心，才有善意；有善意，才有美好。一个心存险恶、心如毒蝎的人，是感受不到社会生活中的美好的。

有一个让我很感动的故事：漆黑的夜晚，在一条没有路灯的小路上，一位盲人手提一盏明亮的灯笼踽踽独行。

有路人见之不解："你眼睛看不见，还提灯笼干吗？"盲人回答："我眼睛虽然看不见，但别人能看见。"

这是一个为别人点灯的具有善心的盲人。其实，他的这种善心，对自己也是一种回报。因为他的灯笼，会照亮别人的路，在照亮别人路的同时，也会让别人注意到自己，这样自己也不会被别人所撞到。

第二，用心去发现生活中的美好，要把自己的脸迎向阳光。迎着阳光，才能背对阴影，才能心态乐观。迎着阳光，要有阳光思维。

所谓阳光思维，就是遇事要朝着美好的方面去想。爱迪生曾经尝试用1200种不同的材料作白炽灯泡的灯丝，都没有成功。

有人对他说“你已经失败了1200次了。”可是爱迪生不这么认为，他充满自信地说：“我的成功就在于发现了1200种材料不适合做灯丝。”

这就是阳光思维。正是由于这种阳光思维，他继续努力试验，最终找到最适宜做灯泡的灯丝，获得了成功。

遇事往美好的方面想，也许好运自然就会来到。有一位老太太生了两个女儿。大女儿嫁给了雨伞店老板，小女儿当上了洗衣店的女主管。于是，老太太整天忧心忡忡。

逢上雨天，她担心洗衣店的衣服晾不干；逢上晴天，她又怕雨伞店的雨伞卖不出去。因此，她天天为女儿担忧，日子过得很忧郁。

后来，有位聪明人对她说：“老太太，您真是好福气！下雨天，您大女儿家生意兴隆；大晴天，您小女儿家顾客盈门；哪天您都有好消息啊！”老太太一听，咧开嘴笑了。

老太太为什么咧开嘴笑了，因为她阳光思维，朝美好的方面想了。

大家看，虽然两个女儿的生意没有什么变化，天气也还是老样子：雨照样下，天照样晴。但老太太的心情变了，世界就变得大不一样了。一件事情想通了就是天堂，想不通就是地狱。

也许有读者说，你这就是胡扯呢，我都被领导训得狗血喷头了，我还朝美好的方向想。其实，你换个角度想，也许就不那么难受了。朽木不可雕也。领导把你训得狗血喷头，证明你还不是朽木，还是可用之材，你要是朽木，领导才懒得训你呢！这好像有点阿Q，但在心理调整上，当一回阿Q也没什么了不起。

也许你还想说，那我多委屈啊？其实，心胸都是委屈撑大的。撑大了之后，你就不觉得委屈了。

第三，用心去发现生活中的美好，要有欣赏美好的视觉。培根有言：“欣赏者心中有朝霞、露珠和常年盛开的花朵，漠视者冰洁心城，四海枯竭，丛山荒芜。”

有了欣赏美好的视觉，你就会发现，自然界不再是简单的山水草木。而是山有山的静谧，水有水的旖旋，花有花的芳香，草有草的翠绿。

有了欣赏美好的视觉，你就会发现，动物界不再是凶猛的豺狼虎豹。而是蜜蜂有蜜蜂的生活，海豚有海豚的情调，仙鹤有仙鹤的风姿。

有了欣赏美好的视觉，你就会发现，人世间不再是复杂的勾心斗角，而是儿童有儿童的天真，老人有老人的慈祥。

有了欣赏美好的视觉，你就会发，你的下属不再是刺头、笨蛋，而是刺头有刺头的锐气，笨蛋有笨蛋的憨厚。

总而言之，欣赏别人的大度，能开阔自己的心胸；欣赏别人的奉献，能净化自己的心灵；欣赏别人的优点，会成就自己的美好。

第四，用心去发现生活中的美好，要珍惜自己所拥有的一切。从前，有个国王整天闷闷不乐。于是，他派大臣出去为他寻找一个快乐的人，并把这个快乐的人带回王宫。

大臣出去寻找了许多年，也没有找到。就在他以为无望的时候，他在一个小山村里发现了一个快乐的人。这个快乐的人一边耕田，一边歌唱。

大臣来到他的面前，问他说："听说你很快乐，是吗？"

"是的，我每天都快乐。"

大臣喜出望外，忙把自己的使命告诉了他。这位快乐的人听了大臣的话，大笑起来。然后说道："我曾因为没有鞋穿而沮丧，直到我在街上遇到了一位没有脚的人。"

在现实生活中，许多人的苦恼并非是真正的苦恼，而是由于他们不知珍惜自己所拥有的东西所造成的苦恼。

第五，用心去发现生活中的美好，要去追求高尚的快乐。一对孪生姐妹走进了玫瑰花园。妹妹看了一会儿，跑回来对妈妈说：

“玫瑰花园是个坏地方。”“为什么，我的宝贝？”妈妈问。“因为那里的每朵花下面都有刺。”

过了一会儿，姐姐跑了回来，对妈妈说：“玫瑰花园是个好地方。”“为什么，我的宝贝？”妈妈问。“因为那里的每丛刺上都有花。”

同样一株玫瑰，妹妹看到的是刺，姐姐看到的是花。看到刺的妹妹感到的是苦恼，看到花的姐姐感到的是快乐。可见，快乐还是痛苦有时候就在于你怎样看，怎么去选择追求。

快乐，是一种幸福和满意的感受。快乐虽然是一种感受，但它却有高尚的快乐和低级的快乐之别。领导干部要具有大格局，必须避免低级的快乐，追求高尚的快乐。古希腊著名哲学家德谟克利特就说过：“不应该追求一切种类的快乐，应该只追求高尚的快乐。”

低级的快乐，是视追求个人的极端利益、幸福、名声为快乐；高尚的快乐是以为人类工作、奉献、助人为快乐。

以帮助别人为快乐。俗话说：“一个篱笆三个桩，一个好汉三个帮。”生活在世界上的人难免不遇到困难，遇到困难就需要别人的帮助。如果我们都能帮人所需，并以此为快乐，世界一定会变成美好的乐园。

以帮助别人为快乐，就是助人为乐。助人为乐是一种高尚的道德情操。助人为乐者，是一个高尚的人，一个有道德的人，一个有益于人民的人。

全国道德模范、中共中央候补委员 、全国总工会兼职副主席郭明义，就是助人为乐的党的领导干部。

郭明义常说："给人温暖就是给自己幸福。每做一件好事，就有一股幸福感涌上心头，越做越有劲！"

这是郭明义的幸福快乐观。这是一种以帮助别人以奉献为快乐的快乐观。正是有了这种快乐观，郭明义捐出工资总额的一半给希望工程，累计为身边工友、特困学生和灾区群众捐款12万多元，资助了180多名特困儿童，参加了54次捐献全血和捐献血小板，累计6万多毫升，相当于自身全部血量的10倍。

有人问他为什么要这样做？他说："30年来，我经历了很多，但我的信念一直很明确：一个共产党员，要为党、为国家、为人民的事业奉献自己的一切，这是天经地义的，不需要任何理由！"

郭明义说，他的做法是天经地义的，不需要任何理由。事实上，有一个理由，这就是他对人民的热爱。正如他自己所说的"我这样去做事，就像父母抚养子女、儿女孝敬老人一样，没有那么多复杂的动机和缘由，就是天经地义的事。"

把别人的快乐当作自己的快乐。海伦·凯勒是美国著名的盲聋女作家。生理上的缺陷并没有剥夺她快乐的权力，她始终生活在快乐的心境中。因为她把别人的快乐当作自己的快乐。她说："我把别人眼睛所看见的光明当作我的太阳，把别人耳朵听见的音乐当作我的交响乐，把别人嘴角的微笑当作我的幸福。”

应该说，命运对海伦·凯勒是残酷的，但残酷的命运并没有摧残掉海伦·凯勒快乐的灵魂，因为她有着一颗高尚的心。因为这颗高尚的心，使得她忘记了自己的痛苦，而把别人的快乐当作自己的快乐。也正因为如此，使她得到了真快乐。

作为党的领导干部，要能够把人民群众的快乐当作自己的快乐，这也是有大格局的表现。

要以清正廉洁为快乐。有位富商，生意兴隆，但因终日操劳，颇多烦恼。而在他家的高墙外住着的一户贫苦人家，虽然辛辛苦苦靠做豆腐赚点小钱养家户口，但夫妇俩却快乐无比。

富商的太太见此情形很是嫉妒。富商对她说：“我要叫他们明天就笑不出来。”说完，随手将一锭金元宝扔过了墙头。

第二天早晨，穷苦夫妻发现了金元宝。随之，他们的心情大变。他们揣测着这金元宝的来路，琢磨着怎样才能再搞到更多的钱，用这些钱干什么……自打见到金元宝，他们几天几夜茶不思，饭不想，睡不安。欢笑声再也听不到了。

这时候，富商对他的妻子说：“你看，当初我们就是这样开始忧愁的。”

现实生活中，有人以为只要自己有了金钱，就有了快乐的生活，而事实告诉我们，金钱并不能给人快乐，能带给我们快乐的是工作、学习和奉献。

这个故事也启示各级领导干部，要以清正廉洁为快乐。

《左传·襄公十五年》记载过这样一个故事：宋国有人得到一块美玉，把它献给子罕。子罕不接受。献美玉的人说："我拿给琢玉工匠看过，工匠认为是宝物，所以我才敢进献。"子罕说："我认为不贪就是宝物，你的宝物是美玉；如果你把玉给我，我们两人就都失去了各自的宝物，不如各自保有自己的宝物。"

献玉的人跪拜于地并对子罕说："小人带着玉璧，不能安全地走过乡里，把玉石送给您，我就能在回家的路上免遭杀身之祸。"于是，子罕把这块玉石放在自己的乡里，请一位玉工替他雕琢成宝玉，卖出去后，把钱交给了献玉的人，让他富有后才返回家乡。

（原文：宋人或得玉，献诸子罕。子罕弗受。献玉者曰："以示玉人，玉人以为宝也，故敢献之。"子罕曰："我以不贪为宝，尔以玉为宝，若以与我，皆丧宝也。不若人有其宝。"稽首而告曰："小人怀璧，不可以越乡。纳此以请死也。"子罕置诸其里，使玉人为之攻之，富而后使复其所。——《左传·襄公十五年》）

当一个领导干部把"不贪"作为宝物的时候，他自然会获得无比的快乐。

事实证明，那些贪腐的官员，即便是家财无法计量，也不会有什么快乐而言。据《党员文摘》2018年第6期所载："上海市长宁区绿化市容局原局长朱启珩，落马后十分钟内就将自己所有罪行一一坦白。他在把自己的问题都交代清楚之后，甚至还对承办检察官感慨:‘终于可以睡一个安稳觉了，再也没有人整天在我旁边逼我、催我去干什么了。’”

我们看，一个连安稳觉都睡不好的人，有何快乐可言?

（二）别说自己不成功，换个角度你很成功

成功，是许多人的梦想。但何为成功？有人可能说，比尔·盖茨那样的商人成功，因为他有钱；有人可能说，特朗普成功，他不仅有钱，还有权；有人可能说，那些演艺界的明星成功，他们不仅有名有钱也有范儿。真是智者见智，仁者见仁。

说实话，我原来对成功这个概念的诠释，也仅仅局限于权、钱、名，觉得官当大了成功，钱赚多了成功，名声远播了成功。

但是，某一天，我看到了一个故事，颠覆了我的观念。故事说，一位汽车司机退休了。他跟朋友们聊天，说自己这一辈子非常成功。朋友们一听，都笑喷了。你房子不大，钱也不多，又没当个一官半职，还说自己成功，没喝醉吧？

这位退休司机说："我开了30多年的车，任何交通事故都没有出，你们说我成功不成功？"朋友们一想，也是啊，谁说他不成功？

他完美地履行了自己的责任，难道不是一种成功？这件事情引发了我对成功这个概念的思考。

成功可以多维度诠释，不能单纯地用权、钱、名来衡量。

一个旅行家，也许他并没有豪宅，但他用脚丈量了世界，饱餐了自然界的美好风光，这就是成功；

一个厨师，也许他没有巨款，但他用精湛的厨艺赢得了美食家的交口称赞，这就是成功；

一个家庭主妇，她虽然没有职场丽人的骄人业绩，但她相夫教子，把家庭经营得温馨和睦，把孩子培养得出类拔萃，这也是成功。

相反，一个高官，他把自己所管辖的地区搞得乱七八糟，下属怨声载道，他成功吗？

一个富商，他的钱财多是坑蒙拐骗而来，被他坑蒙拐骗的人天天诅咒他，他成功吗？

一个明星，她的名多是炒作而来，别人听了她的“大名”嗤之以鼻，她成功吗？

答案不言而喻。

成功是可以分类的。有伟大的成功者，有平凡的成功者。

尼克松说，要把一位领袖列为伟人行列的可靠公式，包括三个要素：一个大人物、一个大国和一个重大事件。领袖人物尚且如此，何况我们这些芸芸众生？

还有一位名人说：“铁杵能磨成针，但木杵只能磨成牙签，材料不对，再努力也没用。”

不是谁想成为伟大的成功者，就能成为伟大的成功者的。我们虽然不是每个人都能成为伟大的成功者，但我们可以做一个平凡的成功者。

平凡的成功者，是只要你努力，你就能心想事成。难道不是吗？你在工作岗位上，尽心尽力地履行岗位职责，你就是岗位的成功者；你在家庭生活中，忠诚于家庭，尊老爱幼，担当起家庭的责任，你就是家庭的成功者。

成功永远在路上。成功其实是一个动态的过程。今日成功，明日不一定还能称得上成功。

比如，你高考时考上了北京大学，这很成功。但是，如果你走进北大校门之后，痴迷于网络，门门挂科，你的成功就是明日黄花了。

也许你高考时，只考了个专科，这在世俗的眼中，就是高考失利不成功。但是如果你不放弃，你努力，你走出校门之后，可能比有些北大的毕业生还要优秀得多。

经常听到有人说自己这辈子很失败，不成功。其实，认为自己不成功、很失败的人，并非真的不成功，而是他对成功这个概念的诠释有些偏差，就像我早先的想法，以权、钱、名为标准来衡量成功。但如果以是否很好地履行了职责为标准，其实你可能很成功。

所以我说："别说自己不成功，换个角度你很成功。"即使你是一个村的党支部书记，但你带领村民把这个村治理得井井有条，村民富裕、生态环境优良，你就非常成功。

华西村原党委书记吴仁宝就是这样的成功者。从1957年开始，吴仁宝在华西村担任党支部书记、党委书记，他带领村民走共同富裕的道路，使华西村由一个欠债累累的贫困村，逐步发展成为人均存款超百万元的“天下第一村”。他曾荣获全国优秀共产党员、全国劳动模范、全国道德模范、中国十大扶贫状元等称号。

我们不妨享受这种平凡的成功。我们享受这种平凡的成功并非是故步自封，并非是不思进取，而是给自己一个快乐的心境，一个阳光的自信，让自己以健康愉悦的心态，去追求伟大的成功。

（三）当你“无所谓”了，你就“无所畏”了

“当你‘无所谓’了，你就‘无所畏’了。”这句话貌似有点拗口。但这拗口的话所反映出来的道理可是我通过半生的经验教训总结出来的。

我这人从小到大，要是说得接地气一点，是“胆小”；说得学术一点，是“胆商”低。

这是为什么？我曾经百思，但不解。有时候，百思不解的问题，某一天某一刻却会豁然开朗。

这不，我终于搞明白了，我的“胆小”、“胆商”低，其实是因为我太“在乎”某些东西，害怕“失去”而导致的。所以，有时候，宁愿委屈自己，也胆小谨慎地做让别人高兴的事情。

这话说得有点抽象。我说个具体的例子。我刚工作的第四年，月工资大概不足百元。孩子小，先生还在北大读书，没什么工资。

一天，有位当兵的小老乡来跟我借50元钱，说是要给领导送点礼物，好留在部队当志愿兵。

我当时没有任何存款，家里只有55元钱，而距离发工资的日子

还有一周的时间。但我还是借给他50元钱，自己仅留下5元钱全家过一周的日子。

发工资前的最后一天，我居然没有钱买蔬菜了。晚饭全家就吃了一包榨菜。

我是助人为乐吗？我没有那么高的境界。我无非是怕失去这位老乡的乡情。如果我不怕失去这份乡情，我可以直言告诉他，我没有那么多钱，要借只能借给你20元或30元。

其实，我们的许多胆小、畏惧，几乎都是担心失去某种东西所导致的。担心失去什么？无非是“名、利、情”三个字，还有“面子”这两个字。

为什么有人害怕领导，害怕顶头上司？因为领导、顶头上司决定着他的升迁，决定着他的功名利禄。所以，尽管有的领导、有的顶头上司做出的事情让他觉得匪夷所思，他也不敢有半句怨言，他也不敢说我保留意见这句话，他也不敢非暴力不合作。

当然，我并非是教唆大家不服从领导，我向来遵循下级服从上级的组织原则。但如果有的领导欺人太甚，难道作为下属的我们就不能勇敢地把自己的意见告诉他吗？

假如，我说是假如，你长年累月加班，但偶尔生病感冒发烧。领导不仅不慰问，不给你安排点时间休息，还给你布置了一大堆任务让你当夜必须完成。你知道这项工作并非是火烧眉毛，而要完成这项工作任务必须通宵达旦，你知道，这位领导就是要整你，你难道就这样“服从”？

也许有读者会说，哪有这样的领导，你还甭说，林子大了，什么鸟都有。尽管我说是假如，但其实是我认识的一位年轻处长的经历，因为他得罪了他的顶头上司，那个顶头上司给他穿小鞋。

我认为，遇到这样的领导，你应该勇敢地告诉他，我头疼欲裂，没法工作，明天早点来把工作任务完成了。

你所以不敢，一方面是你确实坚守服从的理念，但也不能不说，你还是担心自己的前程受影响。说实话，这样的领导，你就是累得殉职了，他也不会给你的前程道路铺上任何一块砖。但如果你对升迁、对功名利禄无所谓了，你还怕他个什么？

再说了，身体健康都没啦，还谈什么功名利禄、仕途前程？

为什么有的女人怕老公？因为她要依靠老公来生存、生活。因此，尽管有的女人遭遇着种种家庭暴力，遭遇着老公在外的背叛，她也不敢说半个不字，而是忍气吞声在家中任劳任怨地甘当老黄牛。

其实，如果她能够自己强大自己，通过工作，有着自己能够养活自己的经济基础；通过学习，有着让人欣赏的素质品位；离开老公照样生活得不差，她还怕什么老公？说不定老公还怕她呢！

我曾经在一篇文章中谈道：“不要以为自己在家任劳任怨、勤俭节约、奉献贡献、相夫教子、当牛做马管好了男人的胃，家庭就稳固了，男人就感恩你了。极少有男人会喜欢一个只会干活无法交流蓬头垢面的黄脸婆的。别寄托于男人会感恩，要寄托于自己的整体素质的提升。

“容貌是爹妈给的，无法改变，但气质是可以改变的，心态是可以改变的，形象是可以改变的，能力是可以改变的。而改变了这些，就改变了命运，何惧男人是否有小三小四？”

林则徐说：“无欲则刚”。当你“无所谓”的时候，你就“无所畏”了。“有所畏”骨子里还是“有所求”。

这里，我要声明一点，我说“无所畏”不是说咱们什么都“无所畏”，党纪国法必须要敬畏。这绝对是底线，不能逾越。

我这里所说的“无所畏”，是强调对有些事情要勇敢地面对。而要勇敢地面对，“无所谓”是一种鼓舞士气的重要方法。

为什么置之死地而后生，因为对生死无所谓了，所以就勇敢了。狭路相逢勇者胜。

“无所谓”不是消极自欺的阿Q精神，而是一种乐观与豁达，是一个成熟的人面对功名利禄和面子的态度。

有些事，不必太在乎。如果事事都纠结而不得解脱，这一生岂不是活得很累？所谓“毁誉听之于人，得失安之于数。”毁也好誉也罢，随它去；得也好失也罢，顺其自然。“荣华花间露，富贵草上霜”。

有些人，不必太在意。该来的总会来，该走的总会走；该来的挡不住，该走的留不住；想帮你的总会帮，不想帮你的你再投入也没用。不必把太多的人请进自己的生命里。

太在乎，太在意了，我们的目光就会仅仅局限在一点，而无法接受现实散射的真相。手捧沙子，你攥得越紧，漏得就越快。

苏东坡为什么能虽经磨难而悠闲从容、旷达乐观？看看他的《定风波》就清楚了。

“莫听穿林打叶声，何妨吟啸且徐行。竹杖芒鞋轻胜马，谁怕？一蓑烟雨任平生。峭春风吹酒醒，微冷，山头斜照却相迎。回首向来萧瑟处，归去。也无风雨也无晴。”

此词作于苏轼被贬黄州后的第三个春天（1082年）。纵观全词，呈现出一种醒醉皆无、喜悲皆淡、胜败皆忘的人生哲学和处世态度。

因为他对政治风云、荣辱得失“无所谓”了，也就“无所畏”了。

我喜欢苏东坡的这首词，没有之一。

简言之，我豁出去，无所谓了，我还有什么可惧怕的呢？你勇敢了，想欺负你、正欺负你的人就怕了。

虽然我时至今日才悟出这样的道理，但亡羊补牢，也许为时未晚。

（四）“无所谓”并非是“无所为”

我在前面的文章中说过：“当你‘无所谓’了，你就‘无所畏’了。”这句话读者一定别误会，以为我说“无所谓”就是“无所为”。“无所谓”并非等同于“无所为”。这是必须要讲清楚的。

我所说的“无所谓”，是希望人们面对功名利禄和面子时，具有豁达的胸襟；面对困难挫折时，具有乐观向上的心态，而并非是让人们面对党纪国法无所谓；面对工作任务、工作责任、工作岗位无所谓，撂挑子。

某落马贪官忏悔时说：“‘无所谓’是我犯错误的重要原因。把逢年过节的礼金，当成是礼尚往来‘无所谓’；把打牌送铺底钱，认为是带彩娱乐‘无所谓’；出国考察，别人送点外币，也看作‘无所谓’……正是自认为的这一个个‘无所谓’，年复一年形成了巨大的经济数额。”

这种“无所谓”是我坚决反对的。面对党纪国法，我们必须有所畏，而不能“无所谓”。这我在《当你“无所谓”了，你就“无所畏”了》一文中已经声明过了：“党纪国法必须要敬畏。这绝对是底线，不能逾越。”

《解放军报》曾经载文说：“某连排长小马经常挂在嘴边的话是‘无所谓’，平时无论什么工作任务，在他眼里都‘无所谓’。在他看来，日常工作细小琐碎，干好干坏无关紧要。他这种态度受到了战士们的批评。”

这种“无所谓”也是我所不齿的。一个人要是以这种心态来干工作，工作干劲不会大，工作标准不会高，工作业绩不会有。

具体点讲，我说的“无所谓”，是指面对功名利禄、个人私利要有不在乎的心态；面对面子要有不在意的心态。

2017年3月11日，@人民网发帖说：“10日凌晨，安徽安庆一出租车司机将一乘客送到目的地后，车费是9.5元，乘客付了10元后，司机找给她五个一角硬币，但她坚持要一个伍角硬币，二人为此吵了近一个小时还报了警，在@迎江分局大南门派出所民警调解下，最终司机收了9元。”

如果这两个人面对这5角钱，有无所谓的心态，何至于折腾近一个小时。

又据《安阳日报》2017年3月10日报道，3月8日15时11分，市公安局殷商分局治安管理服务大队接警称殷都区某敬老院内两位老人打起来了。接到报警后，值班民警迅速赶赴现场。

经询问得知：打架的两位老人均系该敬老院住户，当天早上马老爷子吃完饭想要出门遛弯，掀帘子的时候遇到了正要进门的赵老爷子，马老爷子想先出门，赵老爷子要先进屋，两人一言不合就动起了手，其中马老爷子眼眶还被赵老爷子打得乌青。

如果打架的两位老人面对谁先出门，谁先进门，有无所谓的心态，何至于眼眶乌青，还劳烦民警上门调节。

我老父亲常讲一句话：“一亩地八百个主”。的确“万里长城今犹在，不见当年秦始皇。”

我曾见过村里人为了一垄地，兄弟反目。细想想，值吗？这一垄地就抵得过亲情？

我说“无所谓”，并非是让你没有目标追求了，而是希望你在追求目标的过程中，不为一些不值得在意、不值得在乎的东西所羁绊，轻松快乐地去追求正确的理想目标。

换一句话讲，我说“当你‘无所谓’了，你就‘无所畏’了”，是为了更好地“有所为”。

当我们不为名利遮望眼时，我们就会脚踏实地地去工作，以淡然的心态去奉献，而不是以出名获利的态度去付出。而以出名获利的态度去付出的人，如果获不得名利，他就会怨天尤人，郁闷生气。

当我们不为“面子”而纠结伤及“里子”的时候，我们就会真正地活出自我本色，既入世而又出世，既积极而又洒脱，做自己想做的事情，做自己该做的事情。

当我们在追求目标的过程中，不为困难和挫折所困扰的时候，我们就会以乐观的心态，克服困难，战胜挫折，努力向上，去实现目标。

事实上，人在追求目标的过程中，都期望得到完美的结局，但不是所有的结局都能是完美的。因此，要学会承受不完美的结局，同时，也不要为追求目标所做的付出而懊悔。

没有付出，哪来收获？即使收获的是不完美的结局。也不必为结局的不完美而沮丧，要“无所谓”。关上这一扇门，会打开另一扇窗。况且这扇门也许是虚掩着。

追求目标的人，应该有一个强大的内心，有一个淡泊的心态。“流沙无意沉作洲，只计耕耘莫问收”，我喜欢北京大学厉以宁教授的这两句诗。

著名作家谢冰心在她80岁生日那天写下了下面的数字：

80×365＝29000；

29000×24＝700800；

700800×60＝42048000；

42048000×60＝2522880000。

谢冰心说，人的一生如活80岁，就由这十位数的秒组成。现在我们已经提取了许多时日，在我们生命库存中也许只剩下九位数、八位数，甚至更少。

朱光潜先生对苏东坡一生的概括，是“以出世的态度做入世的事业”。

我觉得朱光潜先生对苏轼一生的概括，堪称经典之论。

苏轼（1037年1月8日—1101年8月24日），号东坡居士，世称苏东坡。

苏轼虽然多次被贬谪，但他并没有因此而否定人生，而是力求自我超脱，始终保持着顽强乐观的信念和超然自适的人生态度。林语堂说，“苏东坡是一个无可救药的乐天派”。

而在事业上，即使是在被贬谪之时，苏轼也是孜孜不倦地追求。绍圣四年（1097年），苏轼62岁。他被一叶孤舟送到了海南岛儋州。

当时的海南儋州与现在的海南儋州不可同日而语。当时的海南儋州属于荒蛮之地。“北船不到米如珠”（《纵笔三首》）。苏轼“尽卖酒器，以供衣食”，常常以红薯、紫芋充饥。他自建了勉强遮风避雨的五间草屋，自种田地度日。

儋州生活虽然极其艰苦，但是苏轼仍然“超然自得，不改其度”（《与元老侄孙书》）。

在他离开儋州时，他写有《雨夜宿净行院》一诗，对自己在儋州的思想做了总结：

芒鞋不踏名利场，一叶轻舟寄渺茫。

林下对床听夜雨，静无灯火照凄凉。

据《遂溪县志》载，宋朝哲宗之时，苏东坡被贬到海南，至宋元符三年，遇赦北归，从海南儋州坐船回到北部湾时受风雨之阻，便舍舟登岸，住在遂溪县兴廉村净行院，遂有此诗。

由诗可见，苏轼的内心早已淡出了名利场。因为摆脱了名利场的羁绊，心境淡然地寄存在渺茫的天地间，即便是在林下简陋的没有灯火的小屋，闻听夜雨，也感受不到什么凄凉，惟有雨声、惟有宁静。

苏轼虽然以出世的态度做人，但却以入世的精神做事。他把放逐地儋州当成了自己的第二故乡，“我本儋耳人，寄生西蜀州”。

他在儋州以超然的心态，创作了140余首诗词，100余篇散文，并对《易传》和《论语》进行了修订。

他在儋州办学堂，许多人不远千里，追至儋州，从苏轼学。儋州县志记载：“北宋苏文忠公来琼，居儋四年，以诗书礼教转化其风俗，变化其人心。”

他在儋州劝农耕，教化大家讲究卫生，为解决当地黎族百姓饮用沟渠浊水问题，他指导当地人勘察水脉，掘土打井，人称“东坡井”，并向当地的黎族百姓传播中原文明。

总之，人生短暂，人生不易，咱们还是“以出世的态度做人，以入世的态度做事”为好。

所谓以出世的态度做人，以入世的态度做事，就是做人要淡泊名利，不计得失，做事要甘于奉献，攻坚克难，敢于走前人没有走过的路。

05

五

人的胸怀，比天空更宽阔

法国著名作家雨果说得好：“世界上最宽阔的是海洋，比海洋更宽阔的是天空，比天空更宽阔的是人的胸怀。”

胸怀宽阔的人，为人宽容，能解人之难，补人之过，扬人之长，谅人之短。这也是领导干部拓展大格局的重要内容。

（一）有多大胸怀，就有多大舞台

有人说，有多大胸怀，就有多大舞台。这句话是有道理的。实践证明，领导干部的胸怀是跟他的事业成正比的。

心胸狭窄者是难能有所建树的。战国时的庞涓，兵败马陵道；三国时的周瑜，吐血而命丧黄泉，都是心胸狭窄所致。正所谓地薄者大木不产，水浅者大鱼不游；树秃者大禽不栖，林疏者大兽不居。

“海纳百川有容乃大，山高万仞无欲则刚。”这是清代爱国英雄林则徐所讲。

有容，就是说在为人处事上能谅解他人的过失，能忍让他人的冒犯，像大海一样笑纳百川。

无欲，就是不嫉人之才能，不妒人之财富，不笑人之缺欠，像高山那样巍然矗立，“心底无私天地宽”。

作为领导干部如果能做到这些，无疑是胸怀特别开阔的了，也是有大格局的表现。

说到能谅解他人的过失，能忍让他人的冒犯，我想起古代的一个故事：

周定王元年，楚庄王为庆祝平定叛乱宴请百官，并让他的爱妾许姬为大家敬酒。大家正开怀畅饮，突然，一阵狂风刮来，吹灭了所有的灯烛。

黑暗中，有人乘机拉住许姬的衣袖调情，许姬不从，顺手扯下了他的帽缨。许姬随即将此事告诉了楚庄王，请他在掌灯后查出没有帽缨者。

谁知楚庄王听了之后，竟哈哈大笑，命令百官都将帽缨去掉，然后再掌灯。

许姬不明白楚庄王为何要这样做，楚庄王告诉她，酒后狂态，人常有之；倘若治罪，必伤国人之心，使百官不欢而散。许姬听了，颇为叹服。

后来，吴国的军队进攻楚国，有一人奋勇杀敌，为保卫楚国立下了汗马功劳。楚庄王问他为什么那么勇敢，他回答说："臣乃殿上绝缨者也。"

（原文：楚庄王宴群臣，日暮酒酣，灯烛灭。有人引美人之衣。美人援绝其冠缨，以告王，命上火，欲得绝缨之人。王不从，令群臣尽绝缨而上火，尽欢而罢。后三年，晋与楚战，有楚将奋死赴敌，卒胜晋军。王问之，始知即前之绝缨者。后遂用作宽厚待人之典。——汉·刘向《说苑·复恩》）

楚庄王无疑是一个胸怀开阔之人。面对自己的宠姬被调戏，一般人都会怒从心头起，下令掌灯把他抓起来，但他却令百官都将帽缨去掉，然后再掌灯。不仅胸怀开阔，还充满智慧。

据史书记载，楚庄王还特别能纳谏。他的一生有许多人给他众多谏言，他不以身份高低为标准而以是否有道理为标准，采纳其中有道理的谏言，有的已经做错了的就立即改正。这也是楚庄王能称霸诸侯的原因。

纵览古今，具有宽阔胸怀的人，在事业上都能有所建树。战国时的蔺相如，三让廉颇；三国时的诸葛亮，七擒七纵孟获；长征时的朱德，受尽委屈，终于团结了红四方面军的广大指挥员，粉碎了张国焘企图分裂红军的阴谋，受到毛泽东同志的赞扬："意志坚如铁，度量大如海。"

胸怀开阔是高尚的，但要真正做到，却不是一件容易的事。在生活或工作中，我们常见一些人为着一点鸡毛蒜皮的小事，就"口诛笔伐"，甚至大动干戈。对于他人的过失冒犯，也是念念不忘，铭刻在心。这是非常不可取的。

明朝末年，有位进士出身的大官僚，权势炙手可热。一次，他家与邻居为一点地基发生纠纷。

他写信指示家里，"祖宗遗业，寸土不让"，不打赢这场官司，有辱自家门庭。他一面串通当地官府，仗势压人；一面唆使恶奴家丁，大打出手，还将邻居家的妇女，上至七八十岁的老婆婆，下至二三十岁的少妇姑娘，全都肆意侮辱。结果引起公愤，群起而攻之，并予以抄家，名曰“民抄”。

这个大官僚为何被“民抄”，就是因为他的专横跋扈，斤斤计较，如果他能有一点宽容的精神，心胸大度一点，何至于引起公愤，被“民抄”。事实上，斤斤计较的人，最终还是自己吃亏。

面对同样的问题，心胸开阔者和心胸狭隘者有着不同的处理方式，其结果也是大为不同。请看清朝康熙年间大学士张英的做法。

一天，张英收到家信，说家人为了争三尺房基地，与邻居几乎大动干戈，要他运用职权，疏通关节，打赢这场官司。

张英阅信后，坦然一笑，挥笔写了一封回信，并附诗一首：

千里修书只为墙，让他三尺又何妨？
长城万里今犹在，不见当年秦始皇。

家人接信后，让出了三尺房基地。邻居家看了，也要让地基。结果各让三尺，成了六尺巷道，取名为“仁义胡同”。化干戈为玉帛。

表面上看，张家让的是三尺房基地，而实际上，张家让的是一种“宽容”的精神。正是这种精神，使得张家与邻居化干戈为玉帛。

那么，如何来衡量领导干部是否心胸开阔呢？一般而言，领导干部是否心胸宽广，主要体现在以下几个方面：

第一，在对待人才的问题上是否嫉贤妒能、搞打击报复。如果一个领导干部是武大郎开店——比自己高的不用，或者看到下属在某些方面超越自己，心理就不舒服，便想方设法压制他，或者得罪过自己的人就千方百计地压着不用，搞打击报复，那就是一个心胸狭窄的领导干部，而非心胸开阔者。

领导干部在人才问题上嫉贤妒能，搞打击报复，会阻碍进贤之路，影响组织团结，从而影响党和人民事业的发展，其实对自己也没什么好处。

而一个心胸宽广的领导干部，在对待人才问题上，会举贤任能，不会因为个人的恩恩怨怨去影响人才的举荐。例如，古时候晋国的大夫祁黄羊就是如此。

一天，晋平公问大夫祁黄羊："南阳那个地方缺个长官，谁适合去补这个缺？"

祁黄羊回答说："解狐可以。"晋平公听了很惊讶，问他说："解狐不是你的仇人吗？你怎么推荐仇人呢？"

祁黄羊回答道："您是问我谁担任这一职务合适，并没有问谁是我的仇人。"

晋平公说："很好。"于是，晋平公就派解狐去南阳任职。

过了一段时间，晋平公又问祁黄羊："国家没有掌管军事的官，谁可以任用？"祁黄羊回答说："祁午适合。"晋平公说：

“祁午不是你的儿子吗？”祁黄羊回答说：“您问的是谁可以任用，不是问我的儿子是谁。”晋平公又称赞说：“好。”又任用了祁午。

对这两件事，国人都很称赞。孔子听到了这件事，说：“祁黄羊的建议真好啊！他荐举外人，不感情用事排除自己的仇人，荐举自家的人，不怕嫌疑避开自己的儿子。祁黄羊可以称得上是大公无私了。”

（原文：晋平公问于祁黄羊曰：“南阳无令，其谁可而为之？”祁黄羊对曰：“解狐可。”平公曰：“解狐非子之仇邪？”对曰：“君问可，非问臣之仇也。”平公曰：“善。”遂用之。居有间，平公又问祁黄羊曰：“国无尉，其谁可而为之？”对曰：“午可。”平公曰：“午非子之子邪？”对曰：“君问可，非问臣之子也。”平公曰：“善。”又遂用之。国人称善焉。孔子闻之曰：“善哉祁黄羊之论也外举不避仇内举不避子。祁黄羊可谓公矣。”——《吕氏春秋·去私》）

祁黄羊如果没有宽阔的胸襟，是不可能推荐与自己有仇之人的。即使他举荐了自己的儿子，也是因为儿子能担当此重任。“外举不避仇内举不避子”，是为公而不为私。

第二，在对待不同意见上是否求同存异、兼听则明。听奉承话舒服，听批评话逆耳，是人们的普遍心理。领导干部能否突破这种普遍心理，是心胸是否宽广的试金石。

心胸狭隘的领导干部听不得任何不同的意见，即使是有建设性的意见也会被视之为跟自己过不去。于是，就暴跳如雷，就心存芥蒂，甚至会给提意见者小鞋穿。

而心胸宽广的领导干部则会虚怀若谷，求同存异，即使是非常逆耳的批评话，他也会坦然地接受。并能做到“有则改之，无则加勉”。

在对待不同意见上能够求同存异、兼听则明，对于事业的成功是非常有益的。唐太宗李世民就是因为能虚心听取大臣们的不同建议，才开创了政通人和的“贞观之治”。

《资治通鉴》第196卷记载，有一天，太宗曾经在上朝时对身边的大臣们说：“朕为万民之主，经常要兼管武将文相的事。”给事中张行成退朝后又上书给太宗说：“大禹本人不自大自夸而天下人都不和他争功争能。陛下拨乱反正，众位大臣实在是不足以眺望到圣明风采；陛下不必在上朝时言及此事。以陛下之尊，却与群臣争功比能，我认为深不足取。”太宗非常赞许张行成。

（原文：上尝临朝谓侍臣曰：“朕为人主，常兼将相之事。”给事中张行成退而上书，以为：“禹不矜伐而天下莫与之争。陛下拨乱反正，群臣诚不足望清光；然不必临朝言之。以万乘之尊，乃

与群臣校功争能，臣窃为陛下不取。”上甚善之。——《资治通鉴》第196卷）

皇上夸夸自己，却受到大臣的批评，而皇上还欣然接受，不能不给皇上点个赞。

房玄龄、高士廉在路上遇见了少府少监窦德素，问道：“北门近来在营建什么？”窦德素把这件事情报告给了太宗。太宗大怒，责备房玄龄等人说：“你们只管执掌南衙朝中政事，北门小小的营缮事，与你们有什么相干？”房玄龄等磕头谢罪。

魏徵知道这件事之后，进谏说：“我不知道陛下为什么要责备玄龄等人，玄龄等人又为什么要谢罪？玄龄等人身为陛下的股肱耳目之臣，对宫内宫外事岂有不应知道的道理！如果营造的事是对的，定会帮助陛下促成其事；如果不当营造，就应当请求陛下停止此事。所以他们询问有关部门，也是理所当然的事。不知因何罪而责怪他们，又因为什么罪而谢罪呢？”太宗听后十分羞愧。

（原文：房玄龄、高士廉遇少府少监窦德素于路，问：“北门近何营缮？”德素奏之。上怒，让玄龄等曰：“君但知南牙政事，北门小营缮，何预君事！”玄龄等拜谢。魏徵进曰：“臣不知陛下何以责玄龄等，而玄龄等亦何所谢！玄龄等为陛下股肱耳目，于中外事岂有不应知者！使所营为是，当助陛下成之；为非，当请陛下

罢之。问于有司，理则宜然。不知何罪而责，亦何罪而谢也！”上甚愧之。——《资治通鉴》第196卷）

这个故事真是有点意思，皇上批评了下属，魏徵都要“干涉”，而皇上居然没有因为受到“干涉”而恼羞成怒，却很是惭愧，足见唐太宗李世民的胸怀了。

更有趣的是，唐太宗居然“惧怕”魏徵。《资治通鉴》记载，魏徵曾经请假回家上坟，回来后对皇上说：“听别人说，皇上打算去南山游玩，一切已经安排妥当、整装待发。但现在居然又不去了，是什么原因呢？”皇上笑着说：“起初确实有这样的打算，但是担心爱卿你责怪，所以就半路停下了。”

皇上曾得到一只很好的鹞鹰，放在手臂上把玩，看见魏徵前来，便藏到怀里。魏征上奏事情故意久久不停，鹞鹰最终闷死在皇上的怀里。

（原文：尝谒告上冢，还，言于上曰：“人言陛下欲幸南山，外皆严装已毕，而竟不行，何也？”上笑曰：“初实有此心，畏卿嗔，故中辍耳。”上尝得佳鹞，自臂之，望见征来，匿怀中；征奏事固久不已，鹞竟死怀中。——《资治通鉴》193卷）

刚直的魏徵遇到的也就是胸怀开阔的唐太宗李世民，要是遇到一个小肚鸡肠的皇上，他的脑袋也不知道还能否长在肩膀上了。

第三，在对待得失问题上是否患得患失。得失问题本质上是如何对待荣誉和利益的问题。

心胸狭隘的领导干部对待得失是患得患失。只能得，不能失。面对荣誉，决不相让；面对利益，是斤斤计较。

心胸宽广的领导干部是坦然面对得失。得失顺其自然。面对荣誉，归功于团队，归功于下属；面对利益，是能够正确处置，绝对不会去占有任何的非分利益。

老一辈无产阶级革命家林伯渠同志就是一个心胸开阔的领导干部。他虽然长期官居高位，却始终是“为人民服务的老勤务员”，正如他所做的《六十自寿》诗中所云：“不惯装腔作样子，相从奋斗赞时贤。”

1958年10月，宁夏回族自治区成立，林伯渠代表党中央、中央人民政府赴银川祝贺。

为了对中央代表表示欢迎和感谢，宁夏有关部门专门用当地特产的羊毛加工了质量上乘的毛毯，赠送给代表们。

当漂亮的毛毯送到林伯渠面前时，林老很生气。他立即将宁夏回族自治区主席刘格平找来，严肃地对他说：“不许送礼，这是中央的规定。我们要守纪律，给每位代表赠送的毛毯要马上收回。”后来，这些赠送的毛毯都被工作人员收了回去。

一条毛毯，在一般人的眼里可能觉得不是什么大事，但在林伯渠的眼中，却是非分的利益，对非分的利益一丝一毫都不能沾。

总之，心胸宽广是领导干部成就大业的心理基础，没有这种心理基础是成就不了大业的。纵观历史，那些成就大业者，无一不是心胸开阔者。

（二）给人“穿小鞋”的领导走不远

领导干部应该有容纳万事万物的开阔胸襟，博大气度。有了开阔的胸襟，博大的气度，才能团结人，激励人；才能广纳贤明、唯才是举；也才能协调处理好人际关系，充分调动下属的积极性、主动性和创造性。

“应该”，是情理上必然或必须如此，但“情理上必然或必须如此”，并不等于实际上“必然或必能如此”。

实际上，一些领导干部是没有达到、也很难达到“胸襟开阔，气度博大”这种“应该”要求的，因此，咱就退一步讲，即使你达不到“胸襟开阔，气度博大” 这种“应该”要求，也不要给人“穿小鞋”，这是道德底线，不能逾越。何为“穿小鞋”？这需要从南唐后主李煜说起。

南唐后主李煜喜欢“小脚”女人。于是，他下令宫女用白布缠足，把脚缠成又小又尖的弯弯“月牙儿”。然后，他让宫女们站在画有荷花的金莲台上跳舞，让自己观赏享乐。

上有所好，下必甚焉。随后，全国各地就都兴起了女人缠足的风气。缠足后，脚小了，当然只能穿小鞋了。

因为“穿小鞋”是对女人的一种桎梏摧残，于是，后来就把背后使坏点子整治人，或者利用职权寻机置人于困难境地，说成是“穿小鞋”。

《韩非子·内储说下》记载的这个小故事，就是“穿小鞋”的形象注脚。

魏王有两个大臣与济阳君不和，济阳君就让人伪造魏王的命令行来谋划攻击自己。魏王派人问济阳君说：“你与谁有仇？”济阳君回答说：“我不敢和谁有仇。虽说如此，也曾和两个人关系不好，但还不至于害我。”魏王问身边的人，大家都说：“确实如此。”魏王就杀了这两个人。

（原文：魏王臣二人不善济阳君，济阳君因伪令人矫王命而谋攻己。王使人问济阳君曰：“谁与恨？”对曰：“无敢与恨。虽然，尝与二人不善，不足以至于此。”王问左右，左右曰：“固然。”王因诛二人者。——《韩非子·内储说下》）

济阳君是食封济阳的魏国贵族，这个贵族就是一个喜欢给人穿小鞋的人。他给人穿小鞋的方法与“苦肉计”虽然有着异曲同工之效，但“穿”的计谋更是让人防不胜防。

人不自毁，毁必真。有人伪造君命来谋划攻击自己，显然是仇家所为，君王不能怀疑此事的可靠性。而更令君王不能容忍的是，竟然有人假传君命，看来，不杀不足以谢天下。“我不敢和谁有仇。虽说如此，也曾和两个人关系不好，但还不至于害我。”这似有若无的闪烁之辞，比言之凿凿效果更加。两个大臣的命休矣。这穿小鞋的手段让人叹为观止。

中共中央党史研究室原副主任李忠杰教授曾经在2007年5月21日的《北京日报》上发表过“从政要讲政治，也要讲道德”一文。文章说：

“作为一个人尤其是领导干部，不能害人，不能整人，不能卖人，不能耍手腕，不能做两面派，不能当面一套背后一套、前后说话都不一样，不能搞那些溜须拍马、阿谀奉承的事情，不能搞那些拉帮结派的事情。”

他认为，干部从政，既要讲政治，也要讲道德。出卖人，陷害人，整人，都是不讲道德，都是不正派的表现。

我认为，给人“穿小鞋”，就是一种不道德的行为，就是一种极不正派的表现。

尽管给人穿小鞋是一种不道德的行为，极不正派的表现，但在现实中，领导干部给人穿小鞋的事却是屡见不鲜。比如，我认识的一位某研究院的朋友，就是因为给领导提了一条批评意见，结果，被领导穿了小鞋。他还不到50岁，正是干事的年龄，就让他每月拿着八百元人民币，待业了。

一个喜欢给人“穿小鞋”的领导干部是走不远的，也是升不高的。就拿前文所说的那位给下属穿小鞋的研究院领导来说吧，他不仅给我的那位朋友“穿小鞋”，也给其他下属“穿小鞋”，结果，遭到了下属的抛弃，没过几年，他在那家研究院也混不下去了，只好走人。

为什么给人“穿小鞋”的领导干部走不远，升不高？因为喜欢给人“穿小鞋”的人必定心胸狭隘，听不得不同的意见，容不得能力比自己强的下属，凡事只能得益不能吃亏。结果，必定会受到群众的唾弃。正如张闻天同志在《论待人接物问题》一文中所说的：“气量狭窄、目光如豆的个人和政党，是决然不能‘识人’、‘容人’与‘用人’的。这样的人，这样的政党，决然不能成就什么大事业。”

历史现实都证明，喜欢给人“穿小鞋”整人的领导，即便是位高权重，最后也会整垮自己，不会有什么好下场。而那些事业上取得成就者，绝非那些心胸狭窄之人，而是那些胸襟开阔者。

林则徐说过：“海纳百川，有容乃大；壁立千仞，无欲则刚。”有了“纳百川”的气概，领导干部就能宽以待人，严于律己；就能虚心接受别人的意见和批评；就能大事讲原则，小事讲风格，求大同存小异，团结大多数人。

（三）应对闲言碎语的三重过滤法

这里所说的“闲言碎语”，是指遭遇了别人背后说长道短、搬弄是非的话。

人在职场上工作，在社会中生活，难免会遭遇闲言碎语。如果你说你从来没有遭遇过闲言碎语，我不扶墙，只服你。

尽管我服你，但我还真得不信。不是我以小人之心度君子之腹。在我这个俗人看来，人只要在尘世上活着，闲言碎语就不可避免。就连到深山修行的人，他都避无可避，逃无可遁。

我所在的小区有个家属的孩子，从某高校辞职到西藏深山某寺庙里面壁修行。要说他远离了世俗的人群，他应该耳根清净了吧，但他照样耳根不清净。

有一种说法，如果有人在念叨你，你就会打喷嚏。如果这种说法成立，那么，这位辞职修行者，每天不知道会打多少个喷嚏。

既然闲言碎语不可避免，那你就别在意那些闲言碎语。你要是在意，你就输了，而且会输得很惨。

1979年我报名参加高考，村里的闲言碎语就不少。什么“都这么大了，老姑娘了，还不快找个人家嫁出去。”那时候还没有“剩女”这种歧视性概念，要有，我肯定被冠之以名，即使不是“圣斗士”，也是“圣勇士”。

后来高考结束，乡里传出我报了北京大学，于是，就有了“真是不自量力，能考上大学就不错了，还想上北京大学”等闲言碎语。

幸亏我没在意，要是在意了这些闲言碎语，我现在估计就在老家坐在门槛上嗑着瓜子，跟一些左邻右舍闲言碎语呢。

其实，“谁人背后无人说，谁人背后不说人”。飞短流长古今中外概莫如是。

现今的社会在人背后不论人长短的真是凤毛麟角。

在背后论人长短，有的并非是什么恶意，只是闲着无聊，评论评论而已。对这种闲言碎语也就一笑了之。

即使是恶意的闲言碎语，也不能太在意。在意了，就是用别人的错误来惩罚自己。用别人的错误来惩罚自己，你郁闷了，甚至抑郁了，恶意的闲言碎语者就达到了目的。

有人告诉苏格拉底，你的一个朋友说了你许多坏话。苏格拉底听后淡然一笑，没有其他表示。

那人问：“你为什么不生气？”苏格拉底说：“我为什么要听他的支配？他让我生气，我偏不生气。”

苏格拉底真是智者。你我肯定都成不了苏格拉底，但我们可以成为苏格拉底的学生啊。

对付闲言碎语，最好的办法，就是不听。我们不妨看看唐代政治家狄仁杰的做法。

某日，武则天对狄仁杰说："你在汝南郡任职时，治理得很出色。但是有许多人在背地里诽谤你，你想知道那些人是谁吗？"

狄仁杰回答说："如果陛下认为臣有过错，臣便改正，至于有人到朝廷讲臣的不是，臣不想知道是谁。"

狄仁杰真是智者。眼不见，心不烦；耳不听，心不乱。

要做到不听闲言碎语，苏格拉底有一个三重过滤测试，值得一用。

一天，有位朋友来见苏格拉底。他说："你知道吗，最近我听说了关于你一位朋友的事。"

苏格拉底答："等等，在你告诉我之前，我想来进行一个测试，这个测试叫三重过滤测试。"

那位朋友一头雾水，一脸蒙圈："三重过滤测试？"

苏格拉底回答道："对。在你和我谈论我的朋友时，我们不妨稍等片刻先过滤一下你打算告诉我的话，我把它叫作三重过滤测试。第一重测真话。你能确保你准备告诉我的是真的吗？"

"不能。"那位朋友说，"事实上是我刚刚听说的。"

"那好。"苏格拉底说，"这就是说你不知道它是真的还是假的。现在我们来进行第二重测试——善意。你即将告诉我是关于我朋友的好的方面吗？”

“不是，正相反。”

苏格拉底继续说：“你想告诉我的是他的坏消息，但是你并不肯定是真的。虽然如此，我还是让你继续做测试，因为还有一个过滤题，测‘益处’：你要告诉我的有关我朋友的事情对我有益处吗？”

“不，没有什么益处。”

“那样的话，”苏格拉底最后说，“如果你要告诉我的事既不真实，又不是好事，也没有什么益处，那为什么还要告诉我呢？”

既然我们要当苏格拉底的学生，我们就学一学他的“三重过滤测试法”。当你遭遇闲言碎语时，请用这“三重过滤测试法”过滤过滤。

此事是真的吗？

此事是好事吗？

此事对我有什么益处吗？

如果答案是否定的，你就置之不理为好。

其实，恶意的闲言碎语者，多是对人羡慕嫉妒恨。你要应对这种闲言碎语者，最好的方法，就是你继续做得更好。

我家乡有一句话，叫作“听喇蛄叫，你还不种地啦？”别管那些闲言碎语，只要你不违纪不违规不违法，你就做你该做的事，做你想做的事。你做好了自己，就是对恶意闲言碎语者的最好

“回报”。

比如我前面提到的自己所遭遇的闲言碎语，当我考上了北京大学中文系的时候，那些闲言碎语早已经无踪无影了。

（四）增长智慧见识的方法

如果有两个选项：你是想拥有智慧的见识，还是想拥有愚蠢的看法？我可以肯定地讲，百分之百都会选择前者。

那么，如何增长智慧的见识，而避免愚蠢的看法呢？

其实，我也是不大智慧，经常拥有愚蠢的看法。正因为不大智慧，经常拥有愚蠢的看法，让我有些苦恼，于是我就广泛地阅读，寻找解决的方法。这些方法对我真的是非常有益，所以我不吝啬地给大家分享一下。

第一，观察的方法。如果一个问题单凭观察就可以解决的话，就请您亲自观察一番。亚里士多德误以为妇女牙齿的数目比男人少。这种错误，他本来是可以避免的，而且办法很简单。他只消请他的夫人把嘴张开亲自数一数就行了。但他却没有这样做，原因是他自以为是。

这是英国著名哲学家伯特兰·罗素的方法。这种方法可以称之为“观察的方法”。

这种方法其实很容易做到，但有时候，人们懒于观察，结果，就有了愚蠢的看法。

亚里士多德是古希腊著名思想家。他是否犯过这种低级的错误，我也无法考证。既然英国著名哲学家伯特兰·罗素讲的，我就姑且信以为真。再说了，即便亚里士多德没有犯过这种低级的错误，不等于其他人没有犯过这种低级的错误。也许亚里士多德名气大，罗素拿他说事呢。

第二，实践的方法。“你要知道梨子的滋味，你就得变革梨子，亲口吃一吃。……一切真知都是从直接经验发源的。”

这是毛泽东同志的方法。这种方法可以称之为“实践的方法”。毛泽东同志还指出：“只有人们的社会实践，才是人们对于外界认识的真理性的标准。”

为了了解农民运动的真实情况，毛泽东同志在32天（1927年1月4日—2月5日）的时间里，步行700多公里，实地考察了湘乡、湘潭、衡山、醴陵、长沙五县的农民运动情况，调研结束后，毛泽东同志写出了《湖南农民运动考察报告》（以下简称《报告》）。

《报告》充分肯定了农民在中国民主革命中的伟大作用，尤其是贫农。“农民成就了多年未曾成就的革命事业，农民做了国民革命的重要工作。”“乡村中一向苦战奋斗的主要力量是贫农。从秘密时期到公开时期，贫农都在那里积极奋斗。他们最听共产党的领导。”

《报告》明确指出了在农村建立革命政权和农民武装的必要

性。农民的力量，来自农民的组织、农民的武装、农民的权力。“农民有了组织之后，第一个行动，便是从政治上把地主阶级特别是土豪劣绅的威风打下去，即是从农村的社会地位上把地主权力打下去，把农民权力长上来。”“在土豪劣绅霸占权力的县，无论什么人去做知事，几乎都是贪官污吏。在农民已经起来的县，无论什么人去，都是廉洁政府。我走过的几县，知事遇事要先问农民协会。在农民势力极盛的县，农民协会说话是‘飞灵的’。农民协会要早晨捉土豪劣绅，知事不敢挨到中午，要中午捉，不敢挨到下午。”

《报告》科学分析了农民各个阶层的革命态度。毛泽东同志把农民分为富农、中农、贫农三种。在他看来，富农对革命的态度是消极的，中农对革命的态度是“游移”的，贫农是农民协会的“中坚”，是打倒封建势力的“先锋”，他们对革命的态度最坚决。

毛泽东同志用实践的方法，了解到湖南农民运动的真实情况，明确了农民是中国革命的主力，回答了当时党内党外对于农民革命斗争的责难，对农民运动提出了真知灼见，为农村包围城市道路的选择提供了理论和实践的支撑。

第三，辩证的方法。“夏天有苍蝇、蚊子，但夏天能长出我们所必需的粮食和各种作物；冬天虽然少一些害虫，但冬天也不长庄稼，因此，谁也不会希望总是过冬天。”这是1995年6月22日李瑞环会见巴西总统卡多佐时谈话中的一段话。

这是李瑞环的方法。这种方法可以称之为“辩证的方法”。李瑞环曾经指出：“处处都有辩证法。”

“辩证的方法”，就是运用辩证的思维来认识客观事物，来指导实践。李瑞环的讲话、文章处处充满了辩证法。

2001年7月2日他在接见中国经济社会研究会理事时的讲话中说：“如果只研究中国，不研究世界，就会落后世界潮流；如果只研究世界，不研究中国，就会脱离中国国情。”

1984年1月7日他在天津市文艺创作会议上的讲话中说：“花，有红的有蓝的，有香的有不香的。人，有喜欢牡丹的，有喜欢菊花的，喜欢牡丹的不要骂喜欢菊花的。如果只许一种存在，哪还有百花齐放？”

这种辩证的方法，让李瑞环的思想饱含着许多益心益智益人的道理，闪耀着哲学智慧的光芒。

第四，读书的方法。“读书足以怡情，足以博彩，足以长才。……读史使人明智，读诗使人灵秀，数学使人周密，科学使人深刻，伦理学使人庄重，逻辑修辞之学使人善辩：凡有所学，皆成性格。人之才智但有滞碍，无不可读适当之书使之顺畅，一如身体百病，皆可借相宜之运动除之。”

这是培根的方法。这种方法可以称之为“读书的方法”。

德国的克劳塞维茨在其《战争论》中指出：“人的智力是通过他所接受的知识和思想培养起来的。”

而知识和思想的培养离不开读书学习。读书学习是获得智慧见识的一种重要源泉。

2013年3月1日习近平总书记在中共中央党校春季开学典礼上的讲话中指出："学史可以看成败、鉴得失、知兴替；学诗可以情飞扬、志高昂、人灵秀；学伦理可以知廉耻、懂荣辱、辨是非。"这强调的也是读书的方法。

比如说，你读点好的文学精品，一辈子都会受益。它能让你增加见识，增长才干，起到"辅政"的作用。

文学其实是百科全书。它囊括政治、经济、军事、历史、天文、地理等各学科的知识。一部好的文学作品，就是一位良师益友；阅读一本好书，就是与一颗伟大的心灵对话。

透过作品，可以深刻认识复杂多变的现实世界。恩格斯称赞巴尔扎克是"现实主义大师"，说他的《人间喜剧》写出了贵族阶级的没落衰败和资产阶级的上升发展，提供了社会各个领域无比丰富的生动细节和形象化的历史材料，认为他从中学到的东西"比从当时所有职业历史学家、经济学院和统计学家那里学到的全部东西还要多"。（恩格斯：《恩格斯致玛·哈克奈斯》）

透过作品，可以学会用辩证的思维、灵活的方法处理和解决面临的各种复杂矛盾和问题，从而提升领导能力。

它能陶冶你的情操，优化人格，起到"修德"的作用。好的文学作品，体现着"真、善、美"的境界。譬如，凡是读过范仲淹

《岳阳楼记》的人，无不被这位“先天下之忧而忧，后天下之乐而乐”的卓越政治家的崇高抱负和宽广胸怀所折服。

可以说，阅读好的文学作品，会受到“真、善、美”的熏陶。这种熏陶对领导干部会产生潜移默化的影响。

在“真、善、美”的影响下，领导干部会多一些实事求是，少一些弄虚作假；多一些爱民之心，少一些利己之意；多一些高雅情趣，少一些低级趣味。

它能洗礼你的灵魂，强化正气，起到“抑邪”的作用。美国哲学家理查·罗蒂认为，如果没有但丁、彼德拉克、薄伽丘、乔叟、莎士比亚、培根和弥尔顿，我们今日世界的道德状况将无法想象。

在理查·罗蒂看来，文学具有救赎真理、洗礼灵魂之功能。罗蒂是很有见地的。文学不仅可以愉悦人的内心，还因为它能弘扬正气、针砭时弊、鞭挞丑恶，从而起到抑制邪恶、强化正气的作用。

一句“人生自古谁无死，留取丹心照汗青”，不知激励过多少仁人志士为追求真理、为民族和人民的利益而视死如归，前仆后继。

一句“苟利国家生死以，岂因祸福避趋之”，不知激励过多少志士仁人慷慨赴国难，戴镣长街行。

06

六

虚怀若谷，善于倾听不同的意见

所谓虚怀若谷，就是胸怀像山谷一样深广。形容十分谦虚，能容纳别人的意见，甚至是反对自己的意见。胸怀宽广的领导干部必须是虚怀若谷之人，这也是具有大格局的重要特征。他们善于倾听别人的不同意见，甚至是反对自己的意见。

（一）即使盛世，也要听听卡桑德拉们的耸听危言

卡桑德拉，是古希腊神话中的一个人物。她是特洛伊城的一位公主。她曾经预言特洛伊城会被希腊灭掉，并劝特洛伊人采取对策。但是，没有人把她的话当作一回事，却把她当成了疯子。

结果很不幸，特洛伊城被希腊攻陷了。

后来，卡桑德拉信息用来指内容太惊人，而导致决策者不能充分理解，并作出正确判断的信息。

2005年的夏天，美国新奥尔良遭受的灭顶之灾，就是由于各个方面的决策者未能注意并重视卡桑德拉信息，从而没有及时作出决策的结果。

早在2002年，新奥尔良市主要报纸《皮卡尤恩时报》就曾经做过长篇分析报道，描绘了新奥尔良市受到5级大台风袭击时可能遭受的灭顶之灾。作者麦奎德说："我们发表了系列文章，在整个小镇及整个州宣传这个问题，居住在新奥尔良的大多数人都意识到了这是个危险。"然而，大多数人只是"祈祷并且希望这是个相当遥

远的危险”。各级决策者都没有给予这个信息以足够的重视。

于是，2005年9月，这一灭顶之灾几乎一字不漏地按照记者的预测上演。据美国国土安全部长在此次灾后的新闻记者会上称，5级台风发生的可能性只有0.5%，所以就只建了能够抵御3级台风的堤坝。①

如果美国新奥尔良的决策者能重视卡桑德拉信息，就没有后面的悲剧了。

说到要重视卡桑德拉信息，我们看看唐山青龙县的案例。1976年7月28日凌晨3点42分，河北省唐山市发生7.8级地震，灾后统计超过24万人丧生。与之形成鲜明对比的是，距离唐山115公里40万人的青龙县，直接死于地震灾害的只有1人。青龙县在震中损坏房屋18万间，其中倒塌7300多间。

唐山青龙县为什么能创造这一奇迹？答案就是他们的地震预防。

1974年，国务院下达69号文件，指出华北及渤海地区地震形势紧张。文件指出：“要立足于有震，提高警惕，防备6级以上地震的突然袭击”。

这可以说是一个卡桑德拉信息。因为此信息，青龙全县建立了16个地震前兆现象观测站，下属442个观测点、哨。一些群众主动

① 舒远（纽约）：听听卡桑德拉的危言，《国际先驱导报》，2005年9月13日。

参加了对地下水、泉、动物及地下电流、地磁、地应力的观测。

1976年7月14日，王春青受县科委指派，去唐山参加京津唐渤张地区地震群测群防经验交流会。在这个会上，他听到了惊人的消息。

消息来自于国家地震局华北组组长汪成民。汪成民在会上提到了京津唐渤张（北京、天津、唐山、渤海湾、张家口）地区集中出现了异常现象，并预测说7月22日至8月5日之间，京津唐渤张地区将有5级以上的地震，下半年至明年，华北可能出现8级地震。他要求大家回去以后要对震情重视起来。

7月24日，青龙县县委召开紧急会议。在听取王春青的汇报后，常委会作出了三项决定：加强各测报点工作，科委要有专人昼夜值班；加强地震知识宣传；要在800人会议上布置防震工作。

7月25日，县科委工作人员陆吉康带着多方求证的消息回到青龙。青龙防震部署在当天正式展开。此时，距离唐山大地震发生仅剩3天。

县政府已经行动起来。公开发布临震警报，县委临时作出决定：每个公社回去一名副书记和一名工作队负责人，不准回家，一定要连夜布置防震工作，及时向群众传达震情。各公社、县直各单位随即都召开了紧急会议，从公社干部到大队，再到生产队，进行防震抗震部署。

多数公社广播站连续广播地震知识，传达县委决定，基本上达到了家喻户晓的程度。群众晚上不关门，不关窗。学校在操场上课，商店在外边卖货。①

“宁可信其有，不可信其无。如果真的地震了，对群众交代不了！”县委常委马刚在2006年对媒体回忆说。

唐山青龙县为什么能在大震中幸存？一个重要的原因就是青龙县的决策者们面对卡桑德拉信息，本着对群众负责的态度做好预防工作。

某日，有朋友发给我一篇《政府里面有高人》的文章，我认真阅读之后，回复了一句话：“真正的高人是预警防范”。

在我看来，起了火必须救，需要救火的“高人”，但这还称不上真正的高人，真正的高人是防止火灾的发生。

这就需要我们的各级领导干部未雨绸缪，即使在盛世之日，也要听听卡桑德拉们的耸听危言，防患于未然。

伊索在他的寓言里，曾经讲过这样一则故事：一只野猪正对着树干磨它的獠牙。

一只狐狸来到它的身边，问它：“你为什么不躺下来休息呢？现在又没有猎人和猎狗。”

野猪回答说：“如果等到猎人和猎狗出现时，我再来磨牙，就来不及啦！”

---

① 《唐山地震青龙县奇迹回放：全县仅1人死亡》，东方网，2008年5月27日。

古人云："生于忧患，死于安乐。"常备不懈的忧患意识是使组织立于不败之地的基础。

领导干部应该清醒地认识到，任何时候都可能发生风险，风险对于组织的命运生死攸关，必须警钟长鸣，未雨绸缪。

领导干部需要未雨绸缪，一般人也是一样需要。比如说，年轻的从业者在单位要踏实努力工作，但在踏实努力工作的同时，也要不断提升自己的能力，保持着能随时另谋职业的素质。否则，单位领导一言不合把你开了怎么办？否则，企业倒闭了怎么办？

（二）批评难，能虚心接受别人的批评更难

“勇于开展批评和自我批评”是我们耳熟能详的一句话。为什么要“勇于”？说明开展批评和自我批评很难，要有勇气才行。但在我看来，不仅开展批评和自我批评很难，虚心接受别人的批评意见更难。

虽然古代圣贤就强调“有则改之，无则加勉”，但真正能做到的能有几位？别说“无则加勉”了，就是“有”也不愿意“改之”，何况没有。

就拿我自己来说吧，就不喜欢批评的话，不管有没有。这不，昨天我就拉黑了一位。

我拉黑的这位，关注我的微信公众号一年多了。这一年多，他私下留言20余次。这20余次留言第一是批评，第二还是批评，第三重复第一条。

他批评我“理论水平不高”，我承认，是不高，我忍了；但前些日子他批评我“拿党和国家领导人的讲话为自己背书”。我学习贯彻党和国家领导人的讲话何错之有？

叔可忍，婶不可忍。婶没跟他多废话，直接把他给拉黑了。我封了他的“号”，删了他的留言，他有意见，自家厕所提吧。

也许你说我是以小人之心，度君子之腹，心胸狭窄。但以我浅薄的见识和狭窄的阅历，我还真的没有看到多少人能够虚心纳谏，接受批评意见。

纳谏，就是能虚心接受别人的批评意见，并能认真加以改正；虚心接受别人好的建议，并能认真加以合理利用。

我喜欢读历史书籍，在其中我看到的是“拒谏”多于“纳谏”。

隋炀帝经常神色自若地对秘书郎虞世南说：“我生性不喜欢别人进谏。”

就连唐太宗李世民这个开明的皇上还差点杀了敢于直谏的魏徵。

魏徵是唐太宗手下的大臣，以刚直不阿、敢于直言给皇上提意见而闻名。但有时他的意见提得太尖锐了，让唐太宗有些受不了。终于在有一天直谏时，他惹翻了唐太宗。

唐太宗退朝后还怒气不消。他愤愤地对身边的人说：“我一定要杀死这个乡巴佬！”

长孙皇后知道皇上要杀魏徵，便急忙换上朝服来向皇上道贺。唐太宗对皇后的行为表示不解，问其因由。皇后回答说：“我听说皇上圣明，大臣才正直。现今魏徵正直，正因为皇上是圣明之君的缘故。我怎么敢不道贺呢？”

（原文：上尝罢朝，怒曰：“会须杀此田舍翁。”后问为谁，上曰：“魏徵每廷辱我。”后退，具朝服立于庭，上惊问其故。后曰：“妾闻主明臣直；今魏徵直，由陛下之明故也，妾敢不贺！”上乃悦。——《资治通鉴》194卷）

听了长孙皇后的这番话，唐太宗才转怒为喜，魏徵也避免了被杀的厄运。

看看，幸亏长孙皇后，要不魏徵的小命休矣。长孙皇后真是魏徵的救命恩人。

尽管我们知道虚心接受别人的批评意见不容易，但这不容易之举您要是能真正做到了，想不进步、想不成功都难。

就此，我也找到了自己进步不大、没有成功的根由，就是不能虚心接受别人的批评意见。

真正的成功者都是能虚心接受别人批评意见的人。比如说美国前总统林肯。

一次，作战部长爱德华·史丹顿称林肯是“一个笨蛋”。史丹顿之所以生气是因为林肯干涉了他的工作。为了取悦一个很自私的政客，林肯签发了一项命令，调动了某些军队。史丹顿大骂林肯签发这种命令是笨蛋的行为。

结果怎么样呢？当林肯听到史丹顿说的话之后，他很平静地回答说："如果史丹顿说我是个笨蛋，那我一定就是个笨蛋，因为他几乎从来没有出过错。我得亲自过去看一看。"

林肯果然去见史丹顿，他知道自己签发了错误的命令，于是收回了成命。

这个故事是真是假，我还真的没法考证。你别说我瞎编。但我想，即便是美化林肯的故事，编者也是想通过这个故事说明如何来虚心接受诚意的批评。

西方谚语云："恭维是盖着鲜花的深渊，批评是防止你跌倒的拐杖。"这是讲批评意见的重要性。

领导干部应该充分认识批评意见的重要性，虚心接受别人的批评。而且只有虚心别人才敢提出批评。

《资治通鉴》记载过这样一个故事：太宗问魏徵，"各位大臣的上书多有可取，但当面对答时则多语无伦次，为什么呢？"

魏徵答道："我观察各部门上奏言事，常常思考几天，但等到了陛下的面前，则三分不能道出一分。况且行谏的人违背圣上的旨意触犯圣上的忌讳，如果不是陛下语色和悦，怎么敢尽情陈述呢？"

于是，太宗接见大臣时语言脸色更加温和。

（原文：上问魏徵曰："群臣上书可采，及召对多失次，何也？”对曰：“臣观百司奏事，常数日思之，及至上前，三分不能道一。况谏者拂意触忌，非陛下借之辞色，岂敢尽其情哉！”上由是接群臣辞色愈温。——《资治通鉴》194卷）

大臣们为什么当面回答太宗的问题时，语无伦次？因为圣上不能语色和悦，而且又怕触犯圣上的忌讳。魏徵看明白了这一点，并予以指出。

难能可贵的是，唐太宗虚心接受了他的意见，接见大臣时语言脸色更加温和。这就是虚心。

当然，对于当今的领导干部来讲，对待别人的批评，仅有“语色和悦”还是不够的，关键是他能否真正虚心接受别人诚意、建设性的意见，来改正自己工作中的不足，而不是像我那样把人家拉黑。

（三）少犯错误的三种重要方法

人非圣贤，孰能无过？即便是圣贤，也有犯错误的时候。比如说孔子。孔子是圣贤，这毋庸置疑。但就是这圣贤孔子，还曾经在识人上犯过错误，所谓“以貌取人，失之子羽”是也。

《史记·仲尼弟子列传》记载：子羽，姓澹台，名灭明，是孔子的学生。他比孔子小39岁。

子羽相貌丑陋，想拜孔子为师。孔子虽然收下了子羽，但认为从他的相貌上看，难以成才，不会有大出息。

然而，子羽离开孔子之后，曾任鲁国大夫，而且做事公道正派。他又南下楚国，设坛讲学，培养了几百名弟子，名扬诸侯。

孔子听说了这件事情之后，感慨地说，我“以貌取人，失之子羽。”

（原文：“澹台灭明，武城人，字子羽，少孔子三十九岁。状貌甚恶。欲事孔子，孔子以为材薄。既已受业，退而修行，行不由径，非公事不见卿大夫。南游至江，从弟子三百人，设取予去就，

名施乎诸侯。孔子闻之，曰：‘吾以言取人，失之宰予；以貌取人，失之子羽。’”——《史记·仲尼弟子列传》）

孔子不仅在识人上犯过错误，在观察上也犯过错误，错认为颜回做饭时偷吃。

当年，孔子被困在陈国和蔡国之间，饭菜全无，七天米粒没进。

一天，他白天睡觉，弟子颜回去讨饭。颜回讨回来一些米，准备煮给孔子吃。

米饭差不多熟了的时候，孔子看见颜回用手抓锅里的饭吃。过了一会儿，饭熟了，颜回请孔子吃饭。

孔子假装没有看到颜回抓饭吃这件事，对颜回说：“我刚才梦见了先父，这饭很干净，我用它先祭过父亲再吃吧。”

因为用过的饭是不能用来祭奠的，否则就是对先人不尊重。因此颜回赶紧对他说：“使不得！刚才煮饭的时候，有点炭灰掉进了锅里，弄脏了米饭，丢掉不好，我就抓起来吃掉了。”

听了颜回的话，孔子叹息道：“人应该相信自己的眼睛，但眼睛看到的，却仍然不一定可信。人应该相信自己的心，但自己的心也不可以依赖。弟子们要记住，要了解一个人不容易啊。”

（原文：孔子穷乎陈蔡之间，藜羹不斟，七日不尝粒。昼寝，颜回索米，得而爨之，几熟。孔子望见颜回攫其甑中而食之。选间，食熟，谒孔子而进食，孔子佯装为不见之。孔子起曰："今者梦见先君，食洁而后馈。"颜回对曰："不可，向者煤炱入甑中，弃食不祥，回攫而饭之。"孔子叹曰："所信者目也，而目犹不可信；所恃者心也，而心犹不足恃。弟子记之，知人固不易矣。"——《吕氏春秋·审分览·任数》）

连圣人孔子都可能犯错误，何况我们这些凡夫俗子，怎么可能永远正确呢？

虽然谁都可能犯错误，但犯错误的"含错量"不一样。一般人犯错误，顶多自己理财少赚点钱，人际关系撕裂一点，领导批评多了一点，再惨点，就是被单位炒鱿鱼了，回家跪了半个小时的仙人球。

但领导干部犯错误，尤其是犯决策错误就不一样了。这种错误会涉及到千家万户的利益，涉及到千百万人的生命安全。

人们常说，人不能两次掉进同一条河流。非典过后还不到17年，我们就两次掉进了同一条河流——新冠肺炎疫情蔓延，导致部分城市封城。

在武汉封城、我居家防范疫情之时，我一直在思考一个问题：我们怎样才能少犯错误？

我虽然思考得多根头发离我而去，但也没有得出个结论。正打算放弃思考的时候，我突然想起多年前读过的陈云的一篇文章《怎样才能少犯错误》。真是“踏破铁鞋无觅处，得来全不费功夫”。赶紧找来，重读经典。

《怎样才能少犯错误》是陈云同志1947年2月7日在中共中央辽东分局会议上的讲话。

在讲话中，陈云同志开门见山：“我们可不可以少犯错误？这个问题提得好。拿我来说，我是中央委员，我犯了错误，影响就比较大。”

陈云同志的这句话很明确地说明领导干部的职务权力与错误所影响的范围是成正比的。比如说，你是一个乡的主要负责人，你拍板做出的公共决策要是错了的话，就会影响到一个乡，以此类推。

所以，领导干部必须要少犯错误。怎样才能少犯错误？首先要搞清楚错误到底是从哪里来的。

陈云同志告诉我们，“是由于主观对客观事物认识上有偏差。凡是错误的结果都是由行动的错误造成的，而行动的错误是从认识的错误来的。认识支配行动，行动是认识的结果。”陈云同志还在讲话中用实例来证明了他的这一结论。

陈云同志认为，人之所以犯错误，都是由于不了解实际情况就匆忙地决定对策，主观与客观相脱离。他指出，我们过去所以犯错误，也不是对实际情况一点都不了解，只是了解的情况是片面的，而不是全面的，误把局部当成了全面。片面的情况不是真正的实际，也就是说，它并不合乎实际。所谓难也就难在这里。

他还反思说：“我参加革命二十多年，犯错误都是因为认识上存在片面性。”

那么，怎样才能少犯错误？陈云同志给出的答案是：“就要避免认识上的片面性”。其方法，是三条：

第一，交换。陈云同志认为，交换是带头的。所谓交换，就是要互相交换正反两面的意见，以求了解事物的全面情况。交换时要特别找同自己相反的意见，相反的意见可以补充我们对事物认识的不足。相反的意见即使错了，也有可能反映了事物的一个方面，或者包括一些历史经验的推论。因此，对同自己相反的意见，我们也要作些分析，吸取其中有用的部分。

对于交换的方法，陈云同志特别强调要“注意找同自己相反的意见”。

他还着重分析了陈独秀、李立三、王明犯错误的原因。指出他们犯错误，“不是由于这些人发神经病，或者因为他们是傻瓜，主要是由于他们夸大了事物的一面，所谓知其一不知其二”。

第二，比较。陈云同志告诉我们，交换是为了更全面地认识事物，比较则是为了更好地判断事物的性质。不经过比较，就看不清事物已经发展到什么程度，它的要害和本质是什么。

他认为：“一经比较，就能够对事物认识得更清楚、更深刻”。

第三，反复。陈云同志指出，比较仍然是认识的过程，反复则既是认识的过程，也是实践的过程。反复，首先要在决定了对策之后，再找反对的意见攻一攻，使认识更正确。而最要紧的，是在实践过程中反复认识。凡是正确的，就坚持和发展。如果发现缺点就加以弥补，发现错误就立即改正。总之，判断，行动，再认识，修正之，这样就可以不犯大的错误。

陈云同志在论述了这三种方法之后，告诫我们："在这个问题上，应当是不充好汉，不爱面子。如果不从认识自己错误上求进步，装洋蒜，一定要跌筋斗。愈怕丢脸，一定会丢脸。不怕丢脸，反倒可能不丢脸。要论事不论脸。做到了这一条，自然不会一听到反对意见，就毫不思索地跳起来。"

我很喜欢陈云同志的这句"要论事不论脸"。

那么，什么叫"论事不论脸"？陈云同志给出了答案："在两个人谈话中可以承认错误，在小组会上可以承认错误，在大一点的会上可以承认错误，在千万人面前也可以承认错误，这叫论事不论人，论事不论脸。这样，扯皮就少了，事情也就好办了。"

交换，比较，反复，是领导干部少犯错误的重要方法，但要掌握这三种方法，领导干部需要站在党和人民的立场上，"如果尽是为个人打算，一辈子也掌握不了这个方法"。

（四）勇于自我批评，及时改正不足

自我批评，是检讨自己在思想、工作和生活等方面的缺点和不足。领导干部要具有大格局，必须要勇于开展自我批评，不断反省自身的不足，努力加以改正。

马克思主义经典作家认为，领导干部“需要批评和自我批评就像需要空气和水一样”。

第一，吾日三省吾身。“吾日三省吾身”一语，出自《论语》。《论语》记录的是孔子及其弟子的言行。《论语·学而》篇就记录了孔子的得意门生曾参（前505—前436年）的一段言论。曾子曰：“吾日三省吾身——为人谋而不忠乎？与朋友交而不信乎？传不习乎？”

曾子说：“我每天多次反省自己：替别人做事有没有尽心竭力？和朋友交往有没有诚信？老师传授的道理是否很好地践行？”

吾日三省吾身，是古人常用的修身方法。比如说曾国藩就是通过日记的方式来“吾日三省吾身”。

曾国藩有写日记的习惯。他在日记中总是对自己一天的言行进行检查、反思，对自己的修养做检讨。他的检讨非常严格，甚至连做梦的事情都不放过。譬如，在道光二十二年十月初十，曾国藩在日记中写道：

“昨夜，梦人得利，甚觉艳羡，醒后痛自惩责，谓好利之心至形诸梦寐，何以卑鄙若此！方欲痛自湔洗，而本日闻言尚怦然欲动，真可谓下流矣！”

原来，那天夜晚，曾国藩做了一个梦，梦见别人得到了好处，自己非常羡慕。梦醒之后，他对自己严加痛责，说自己好利之心这么重，重到连做梦都能梦到，真是卑微鄙陋。

他还对照着别人对自己的批评来反思自己。道光二十二年十月初三，曾国藩在日记中说，他去拜访朋友陈源衮。陈源衮告诉曾国藩：“第一要戒慢字”，说曾国藩“无处不著怠慢之气”。曾国藩把陈源衮的话记在日记中，并反思说：“真切中膏肓也”。

随后，他又写道，陈源衮还告诉我，对待朋友，“每相恃过深，不知量而后入，随处不留分寸，卒至小者龃龉，大者凶隙，不可不慎。又言我处事不患不精明，患太刻薄，须步步留心。”

记述完朋友对他的批评之后，曾国藩写道：“此三言者皆药石也”。

刘少奇同志在《论共产党员的修养》中引用过吾日三省吾身。他说：“在中国古时，曾子说过‘吾日三省吾身’，这是说自我反省的问题。”

关于自我反省，高尔基有一句名言：“反省是一面莹澈的镜子，它可以照见心灵上的玷污。”

保加利亚共产党领袖格奥尔基·季米特洛夫（1882年6月18日—1949年7月2日）也说过：“要找出时间来考虑一下，一天中作了什么，是正号还是负号，假如是正号很好。假如是负号，那就采取措施。”

领导干部善于自我反省，能看到自身存在的不足，然后才能加以改进。彭德怀就是一个善于自我反省的党的领导干部。他常说，我是每月一省吾身。不论怎样忙，每月总要抽出半天时间，把自己做过的事情认真地检讨一番，看哪些做对了，哪些做错了，以便少犯错误或不犯错误。

彭德怀同志这种可贵的自省精神，贯穿在他整个的生命旅程中。就是在他晚年，并遭受到不公正的待遇的情况下，他还反省自己在西北战场的经验教训，认为自己在西北战场指挥上有过两次错误。他反省说：

第一次错误，是在1947年10月下旬，打下清涧，活捉了蒋部师长廖昂后。陕北气候寒冷，部队经过半年多的紧张战斗，应该就在清涧、延长线进行整训，不要再去打榆林了。结果围攻榆林近月未下，妨害部队修整训练。如不再打榆林，新式整军可以多搞一个半月，成绩会更大些。我在作战指挥上有一个优点，就是不满足于已得胜利；但求之过急，就变成了缺点，而且屡戒屡犯，不易改正。第二次打榆林，只是想到中央在米脂、绥德一带不安全，打下榆林就放心了，未考虑其他方面。

第二次错误是在瓦子街战役大胜后。进占陇东、邠州，截断了西兰公路之后，应当集结兵力，进行修整，争取教育瓦子街战斗中的大批俘虏。但当时想乘胜进攻宝鸡，破坏胡宗南后方，缩短西北战争时间。这就是思想上的急躁病，产生了轻敌思想。结果胡宗南采取了异常迅速的手段，从延安、主要是从河南调集最大的兵力，和青海马继援部一起向我夹击。我撤出宝鸡后，搞得很疲劳；因为过度疲劳，使本来可以歼灭之敌而未能歼灭。这样的教训在我的战斗中，过去有过几次，但都没有这次深刻。

正是这种可贵的自省精神，使他胜不骄，败不馁，始终保持着谦虚谨慎、密切联系群众的优良作风。

领导干部经常反省自己，才不会让污垢积厚成疾，才不会让心灵蒙上厚厚的尘埃。毛泽东同志讲："房子是应该经常打扫的，不打扫就会积满了灰尘；脸是应该经常洗的，不洗也就会灰尘满面。我们同志的思想，我们党的工作，也会沾染灰尘的，也应该打扫和洗涤。"

第二，严于解剖自己。人非圣贤，孰能无过。有缺点甚至有错误并不可怕，可怕的是没有勇气承认自身的缺点和不足。

古人云："各自责则天清地宁。"一位有大格局的领导干部，应该像鲁迅先生那样"解剖自己严于解剖别人"。李立山同志就是一位严于解剖自己的领导干部。

李立三在中国共产党早期历史上，曾经是工人运动的一员闯将。但在1930年主持中央工作时，他犯过急躁盲动的错误。

事后，他不止一次地讲，"如果党需要我做'反面教员'，我就当好这个'反面教员'。"

1946年，他回到东北，开始化名李敏然为党和人民工作。有些单位请他讲党史，他自己选择介绍"立三路线"的错误，并分析形成的原因和领导人的责任，受到许多同志的称赞。

有人说："这位革命家，错误犯了三个月，却检讨了整整30年。"

第三，敢于清扫自己。自省可以让领导干部看到自己身上的"尘埃"。但是，看到"尘埃"，只是自我修养的开始，问题的关键是要把身上的"尘埃"清扫干净。

据历史记载，明朝时官吏贪黩渐成风气，而杨继宗虽然身处其中，却不为之所染，以至当时掌权的太监汪直都承认："天下不爱钱者，惟杨继宗一人耳。"

杨继宗为何成为"天下不爱钱者"，因为他十分鄙视那些贪官污吏，把他们视作脏物。他每次到达新任衙所，总是先命人汲水百斛，将衙门之内全部冲洗一遍，然后才视事问政。有人问他为何这样做，他回答说："吾以除秽也。"

事实上，与其说杨继宗"洗涤厅事而后视事"，不如说他是"洗涤心灵而为官"。

古代的官吏能"洗涤心灵而为官"，我们作为党的领导干部，全心全意为人民服务的宗旨要求我们，要勇于清扫自己身上与党的要求、与人民的要求不相符合的东西，清清白白地为党和人民做好工作。

这就要对发现的问题和不足及时加以改正。一个具有大格局的领导干部，不仅有勇气承认自身的缺点和不足，还能正视这些缺点和不足，及时加以改正。

揭示出自身的缺点和不足，只是自我批评的第一步，更重要的还要加以改正。请看彭德怀同志是如何正视自身的问题并如何及时加以改正的。

彭德怀任国防部长期间，有一次，他到某地前线视察。在视察中，他发现正在修建的一个弹药库结构不合理，便严厉地批评了陪同视察的几位同志，并要撤一位团长的职。

当天晚上吃饭时，彭德怀发现那位团长没来，便让身边的警卫员去请他。当那位团长走过来时，彭德怀态度诚恳地对他说："我今天说错话了，向你道个歉吧！"

在场的干部战士听了这话，都为之而感动，那位团长更是热泪盈眶。

07

七

淡泊名利，专注虚名私利会害人害己

武侠片《独孤九剑》中，有两句禅语式的诗：“谁能破名利，太虚任遨游。”这两句诗说得很深刻。谁要是能突破“名利”这两个字，就可以任意遨游天地之间了。

为什么突破“名利”二字，就能“太虚任遨游”？“无欲则刚”。林则徐的话给出了很好的答案。

然而，天下熙熙，皆为利来；天下攘攘，皆为名往。既如此，一个人要想淡泊虚名私利，不为五斗米折腰，也不是一件容易的事情。但即使不容易，领导干部要想拥有大格局也需要努力做到。

（一）对名利要能保持一颗平常心

领导干部应该有追求，但这种追求，不是追求自己的虚名私利，而应该追求的是党和人民的事业，这是领导干部的角色所决定的。

当一个人追求的是党和人民的事业的时候，他就会视虚名私利为浮云，他的关注点就只在党和人民的事业上。为了党和人民的事业，个人的功名利禄不值一提，也根本不提，甚至是本应该得到的功名利禄，他也会“腾出大房住小屋”、“让衔又让位”。比如说老一辈无产阶级革命家罗荣桓。

1947年7月，罗荣桓同志从莫斯科治病后，回到哈尔滨。组织上考虑到他的身体状况，让他住到一栋三层的楼房里。

这栋楼房原是一位旧官僚的别墅。别墅外有鸟语花香的庭院，别墅内有漂亮的舞厅和宽敞的会客室。无疑，这是一个很适合疗养、休息的好去处。

可是，罗荣桓同志住进别墅后，却总是感觉不安。因此，他多次向有关部门提出，要搬出这栋别墅。他说：“我家人口少，没有必要住这么大的房子。”

组织上从他的身体健康角度考虑，没有同意他的请求。

其后的一天，罗荣桓和爱人去谭政家做客。他见谭政家住的是一栋两层的小楼，便跟谭政商量，要搬到谭家的楼下住。

谭政以为他也就是说说而已，没有想到，过了没有几天，罗荣桓还真的带着一家人搬到了谭家的楼下。

罗荣桓同志对家里人说：“不能官当的越大，住的楼房就越来越大。”

1955年，我军实行军衔制。当罗荣桓同志得知自己是党中央提名的十大元帅之一时，他立即给毛泽东同志写信，请求不要提名授予自己为元帅衔。

他在信中写道：“我参加革命较晚，贡献不大，不要提名我为元帅。”

罗荣桓同志长期带病工作。后来，病情日益加重。为了不影响党的工作，他主动请求辞职。

他在写给中央军委并报毛泽东同志的信上写道，我长期身体不好，不能工作，而又挂名很多。精神上为此而极为不安。请求解除我总政治部主任及总干部部长等职务，以免妨碍工作。同时，他在信中还推荐了总政治部主任和总干部部长的人选。

这就是一个党员领导干部的高风亮节。正因为有着这样的高风亮节，尽管他去世多年，他依然受到后人的敬仰。

相反，如果一个人追求的是个人的利益，他就会把个人的虚名私利看得至高无上。要是得不到功名利禄，就会一哭二闹三上吊。这后者绝不是真正的党员领导干部所为。

领导干部要淡泊名利，对名利保持一颗平常心，需要注意以下几点：

第一，要正确对待荣誉。荣誉是对做出贡献者的一种褒奖，是对人的劳动行为与价值的肯定。领导干部应该有荣誉感，但这种荣誉感是靠向党和人民做贡献而获得。获得荣誉是光荣的，但领导干部必须正确对待荣誉。

正确对待荣誉，就要把党和国家、社会给予的荣誉当作是对自己的激励，是对自己的鞭策，这样，就能把荣誉看作是追求更远大目标的新起点，荣誉就会成为鼓舞自己进步的精神动力。否则，他就会在荣誉面前飘飘然，从而安于现状，不思进取。

正确对待荣誉，要求领导干部面对荣誉首先应该想到的是，哪些同志比自己贡献大；自己的哪些工作跟其他同志比还有差距，还有不足。如果面对荣誉能比贡献、比不足、找差距，就不会为得不到名利而郁闷，就会对虚名私利淡而处之。

荣誉只能代表过去，而不能代表将来。它只是对人们以往成就的褒奖。如果领导干部能这样看待荣誉，他就不会躺在荣誉的功劳簿上睡大觉，而会更加努力地工作，把荣誉当成工作的新起点。

法拉第是英国著名的物理学家，他一生获得了94个荣誉头衔，奖章、勋章不计其数。但他却把奖章藏起来，从不佩戴，更不拿出向别人炫耀。

一天，有位朋友问他："你获得了那么多奖章，怎么不拿出来给我们看看？"法拉第笑着说："我不能说荣誉不珍贵，不过我从来不是为了追求这些荣誉而工作的。所以，也就没有必要把它们拿出来给人看。"

法拉第之所以能获得94个荣誉头衔，而且奖章、勋章不计其数，是因为他"从来不是为了追求这些荣誉而工作的"。正因为他不是为了追求这些荣誉而工作，所以他才不为荣誉所累，从而使得他能以忘我的精神全身心地投入到科研工作中。而正是这种忘我的精神，使法拉第成为了科学的巨人，并使得他获得了巨大的荣誉。看来，荣誉的获得，不是刻意追求的结果，而是忘我的奋斗精神所结出的果实。如果一个人想获得荣誉，他必须刻苦工作与学习。只有用辛勤的汗水，才能浇灌出荣誉之花。

第二，对待身外之物有铁石心肠。"对待身外之物，要有铁石心肠。"这句话是党的优秀领导干部郑培民所言。

郑培民说得清楚，做得更明白。郑培民上大学时，就养成了记日记的习惯。走上领导岗位后，他把这个一日三省其身的习惯细分为备忘录、工作笔记和日记。下面是他日记中的两段话：

这次回湘潭度春节，我谢绝了办公室派车送我的盛情，同时谢绝了办公室要为我报销路费的好意。坚持自费返家，往返火车票近80元，自己掏腰包。有人讲我太板，我想，宁肯自己吃亏，对自己严格要求，是一个共产党员，特别是领导干部应当自觉做到的。

在吉首给两个孩子分别订做了一件羽绒上衣，这是我给孩子们买东西中最大的一次，计247.61元。不占企业的一点便宜。

领导干部要淡泊虚名私利，不为五斗米折腰，对待身外之物，就要有铁石心肠。有了铁石心肠，面对任何的物质诱惑，都不会为之动心。

第三，专注虚名私利会害人害己。淡薄虚名私利，还需要对专注于虚名私利的危害有所认识。认识到它的危害，才能避而远之。

“勿务虚名而获实祸”。这是毛泽东同志早年对我们的告诫。“祸生于欲得，福生于自禁”。一个满脑子都是虚名私利的人是走不远的。

诸葛亮在54岁的时候，给他的8岁儿子诸葛瞻写下了《诫子书》。文中云：“非淡泊无以明志，非宁静无以致远”。这是告诫他的儿子，不追求名利，生活简单朴素，才能显示出自己的志趣；不追求热闹，心境安宁清静，才能达到远大目标。

诸葛亮告诫儿子的话，对领导干部今天拓展大格局依然具有借鉴意义。

（二）敢说实话，是有大格局的印证

新冠肺炎期间，我在家隔离防范。隔离防范，我除了码点字，就在看司马光的《资治通鉴》。那一天我看到第193卷唐纪九，里面有这样一段故事：

太宗曾经和大臣们讨论刑狱诸事，魏徵说："隋炀帝时曾有盗窃案发生，炀帝令於士澄逮捕窃贼，稍有疑点，均严刑拷打令其服罪，总共二千余人，炀帝下令全部处斩。大理寺丞张元济奇怪罪犯这么多，试着查考其诉状，其中五人曾有前科，其余都是普通百姓。张元济竟不上奏讲明真情，导致了这两千多人都被杀掉。"

（原文：上尝与侍臣论狱，魏徵曰："炀帝时尝有盗发，帝令於士澄捕之，少涉疑似，皆拷讯取服，凡二千馀人，帝悉令斩之。大理丞张元济怪其多，试寻其状，内五人尝为盗，馀皆平民；竟不敢执奏，尽杀之。"上曰："此岂唯炀帝无道，其臣亦不尽忠。君臣如此，何得不亡？公等宜戒之！"——《资治通鉴》193卷唐纪九）

看到这个故事，我想起2011年10月上旬，导演冯小刚发的一条微博：“说两句实话，代价是很大，先是媳妇不让睡觉，苦口婆心央求：看在我和孩子的份上少说两句实话行吗？后是兄长如道明，声色俱厉质问：你不说实话能死吗？他戳痛我：你得多大的好跟我没关系，你倒多大的霉跟我有关系！说两句真话竟让家人朋友如此不安，我认栽。收声。往后我要嘴里没实话，大家包容。”

这里我要告诉道明兄，不说实话真的能死。

君不见，媒体已经多次报道，有的感染了新冠肺炎的患者及其家属隐瞒在武汉居住、停留的经历，最后贻误了最佳的治疗时间，不仅自己去世了，还连累了身边的许多人，包括医护人员。

教训惨痛。这是自己不说实话，真的能死。但也有一种情形，领导不说实话，百姓能死。比如说前面故事中的大理寺丞张元济。

说实话，是心底无私的表现，是胸怀宽广的自信，也是有大格局的印证。

彭德怀就是一个敢于说实话、具有大格局的领导干部。

“对党忠诚老实，言行一致”，是《中国共产党章程》对全体共产党员的要求。

党员领导干部对党忠诚老实，言行一致，首先就要敢于说实话，能够说实话。彭德怀就是这样的党员领导干部。

彭德怀同志常说：一个共产党员，特别是党的高级干部，不应该隐瞒自己的政治观点。为了坚持真理，应该抛弃一切私心杂念，真正具有不怕杀头、不怕坐牢、不怕撤职、不怕开除党籍、不怕老婆离婚的“五不怕”精神。他最讨厌那种明哲保身、不讲原则的干部。

1956年，苏联的一个代表团来我国访问，彭德怀同志当面质问当时的苏联部长会议第一副主席米高扬：“斯大林有缺点，他在世时，你们为什么不提意见？他死了你们就拼命反对他？”

米高扬回答说：“当时不敢提呀，提了要掉脑袋！”彭德怀义正辞严地说：“怕死还当什么共产党员？！”

在1959年的庐山会议期间，彭德怀同志以一个共产党员对党和人民高度负责的精神，给毛泽东同志写了一封信，反映“三面红旗”存在的问题。虽然因此而招来横祸，受到不公正的待遇，但他仍以党和人民的利益为重，为真理而呐喊。

庐山会议之后，他又回到湖南湘潭老家进行调查研究，并把调查研究得到的情况写成报告向中央汇报。

他的侄子劝他不要这样做，以免再遭非议。彭德怀同志对侄子说：“我吃了人民的饭，就要为人民做事，替人民说话。”“古代仁人志士都能做到‘先天下之忧而忧，后天下之乐而乐’，我们共产党人更应该做到。明人不做暗事，有话我还要说。”

“五不怕”的精神，表现了彭德怀同志为真理勇于献身的大无畏精神；“明人不做暗事”的通俗话语，表现了彭德怀同志“目不随人视，耳不随人听，口不随人语，鼻不随人气”的光明磊落的崇高道德和对党忠诚老实的高尚品质。

彭德怀的故事让我感动，但如今社会上包括领导活动领域说假话成风的问题也让我担心。担心什么？担心“塔西佗陷阱”。

按照百度百科的解释：“塔西佗陷阱”，得名于古罗马时代的历史学家塔西佗。这一概念最初来自塔西佗所著的《塔西佗历史》，是塔西佗在评价一位罗马皇帝时所说的话：“一旦皇帝成了人们憎恨的对象，他做的好事和坏事就同样会引起人们对他的厌恶。”之后被中国学者引申成为一种社会现象，指当政府部门或某一组织失去公信力时，无论说真话还是假话，做好事还是坏事，都会被认为是说假话、做坏事。

2014年3月18日，在河南省兰考县县委常委扩大会上，习近平总书记提醒全党注意“塔西佗陷阱”。注意“塔西佗陷阱”，就要讲真话，讲实话，不说假话。

“塔西佗陷阱”不是一天就会形成的，但“积羽沉舟，群轻折轴”（《淮南子·缪称》），羽毛积攒多了，能把小船压沉，一群很轻的人坐在车轴上，能把车轴压断。

这让我想起哲学上的“秃头论证”理论。“秃头论证”理论含有这样的问题：

少一根头发能否造成一个秃头？回答说不能；再少一根怎么样？回答说还是不能。

这个问题一直重复下去，到后来，回答却是已经成为秃头了。而这一结果在一开始是遭到否定的。

成为秃头的界限是头发一万根？一千根？一百根？十根？一根？一根也没有？无法确认。但可以肯定的是，当头发还剩下一百根、十根时，人们早已是毫不迟疑地公认其为秃头了。突变是在人们不知不觉的渐变中发生的。当人们惊觉时，事物已经从量变到质变了。

不说实话、不讲诚信，也是如此。从暂时看，这些人还是少数，但已经有了扩大的趋势。

不说实话、不讲诚信是有传染性的，当这种病毒传播开来，危害是巨大的。

请记住鲁迅先生的这段话：“只有真的声音，才能感动中国的人和世界的人；必须有了真的声音，才能和世界的人同在世界上生活。”

（三）应对霸道不讲理的人要有智慧

这件事情我曾经发过微信朋友圈，本不想再提及，但最近武汉发生的那起一碗面条引发的血案，让我觉得有必要旧事重提。

2016年5月30日下午，我乘航班从北京飞往长春。因为我登机较晚，上飞机后，我座位上的行李架上已经放满了行李。我前后扫描行李架，发现在我前面2米处的行李架上还有能放两个箱子的空地方，行李架下的旅客此时已经坐满。

我上前几步，准备把箱子放上去。因为那两天我胳膊受凉，上举箱子有点困难。当我好不容易忍着疼痛把行李箱要放上去的时候，我身后有人压了我的胳膊一下，捷足先登，把箱子放了上去。

我回头一看，是位40岁左右的中年男人。我看了他一眼，没说什么，把我的箱子放在他的箱子旁边。

没曾想，他却对我说："把你的箱子拿下来，我还要放个书包。"我说："这还带占地的？"他瞪着眼睛命令我："让你拿下来你就拿下来。"

我微笑着看了他一眼，心想，好女不和男斗，我惯着你的霸道。于是，我拿下了箱子。后来空姐给我在头等舱的行李架上找了个放箱子的地方。

事后，我在微信朋友圈讲了我在飞机上遭遇的这件事情，并评论说："遇到霸道不讲理的人怎么办，赞成他的一切观点，支持他的一切行为，把他培养成独断专横的货色，将来他必然为此付出高昂的代价。"发了微信朋友圈之后，有支持者，但也有反对者。反对者认为，我应该据理力争，不能惯着他。

第二天，我针对这个问题回复了朋友圈，简单地说了一下我这样做的理由：

一是，不是大的原则性问题，没有必要发生争执。这并非是我怕事。我向来的原则是，不惹事，但绝不怕事。年青时我在山西省清徐县讲师团就有过跟一妹妹勇斗4个无赖的"战史"。

二是，如果为之发生争执，彼此生气不说，还会影响周围的人，退一步海阔天空，忍一事机舱安宁。

三是，教育一个人并非只有舌枪唇剑。他赢了，实际上他输了，输在修养品行上；我输了，实际上我赢了。有时候，面对挑战，淡定的微笑其实比冷目相对更令人生畏。

回到2017年2月18日中午12时25分，武昌区武南一村71号一面馆发生的那起血案，不知道各位是否注意到媒体报道中提到的细节，说是遇害的老板平日里脾气就很糟糕，对客人也经常横。尽管他的家人予以否认，但我们从"我说几块钱一碗就几块钱一碗，吃不起你就不吃”这句话来看，他也不可能是一个性格好的人。

我这里没有指责遇害者的意思，毕竟死者为大，再说，就算他脾气不好，也不应该命丧黄泉，身首异处。但是，不幸的是，他遇到的是一个更暴戾的人。于是，酿成了悲剧。

这件事，让我联想到一个故事：“今天走在街上，一个小孩子朝我吐口水，我非但没有责怪他，反而摸摸他的头，夸他说：‘你真懂事。’然后给了他5块钱，顿时……我觉得满满的全是正能量。等我逛一圈回来，发现他的脸全肿了。”

故事中的“我”真的很损，对一个孩子，不应该纵容他的不良道德行为。

但是，生活中，我们遇到的不可能都是“孩子”，我们遇到的可能是一个霸道不讲理的领导，可能是一个霸道不讲理的下属，可能是一个霸道不讲理的陌生人。

遇到霸道不讲理的领导，你跟他针锋相对，除非你辞职，否则，没你好果子吃；

遇到霸道不讲理的下属，你跟他针锋相对，除非你调离这个单位，否则，做事肯定也不顺利；

遇到霸道不讲理的陌生人，你跟他针锋相对，除非你身怀非凡武功，否则，轻者鼻青脸肿；重者，我就不说了吧，大家都懂的。

遇到霸道不讲理之人，咱还是退一步海阔天空，忍一时风平浪静，用咱们的修养“惯着”他吧，尽管你的心里可能有很多负能量。

上述文字我在微信公众号上以《遇到霸道不讲理的人怎么办》为题发表过。文章发表以后，受到许多读者的赞赏、获得许多读者的转发，也得到许多读者的留言。赞赏让我受到激励，转发让我的文章得到传播，留言让我受到启迪。在此我向各位读者表示衷心的感谢。

说到留言让我受到启迪，并非是客套之语，这篇文章的后半部分内容就为一位读者的留言而撰写。

这位读者留言说："把一个霸道不讲理的陌生人培养成大傻子没什么，毕竟一面之缘很难再有交集；甚至把下属培养成大傻子也没什么，为将来找机会踢掉他埋下伏笔；可要是把领导惯成了大傻子，吃苦的是整个组织，包括我们自己在内，谁能独善其身？除非你离开组织，或者他离开组织，否则永远要被一个大傻子折磨……"

看了他的留言，我给他回复了这样一句话："那你遇到这样的领导你怎么办？你跟他针锋相对？自会有组织处理他。"

我的这段留言并非是随口而说，而是现实生活中的教训和经验。

我认识的一位朋友就是因为跟霸道不讲理的领导针锋相对而受到下岗的待遇。下岗后，他愤世嫉俗，有用吗？他牢骚满腹，有用吗？没用。领导照样欣欣然，他自己只能承受各种不愉快，只能承受各处找工作的困窘。

其实，你用你的修养“惯着”霸道不讲理的领导，早晚会有组织“收拾”教训他，或者他自己慢慢地也许会有所醒悟。

某年春季学期，我在某著名高校主持案例教学课。案例讨论时，我接过一位学员的话头，谈我的思考。在谈思考时，我说错了一句话，将“长治久安”说成是“长久治安”了。

我的话音刚落，一位女学员就对我说：“老师，我们这出去调研半个月，中央精神就变了？长治久安就变成长久治安了？”

我意识到自己口误了，赶紧道歉：“很抱歉，我口误了。”结果，这位学员不依不饶，接着质问我说：“你作为中央党校的老师，这么严肃的问题怎么能口误呢？”

听着她咄咄逼人的口气，我知道任何解释都没有用处。真是无巧不成书，我书包里正好带了一本我所撰写的《工作要敢于负责》一书，准备送给我的一位同事。于是，我微笑着对她说：“非常感谢您这种敢于负责、认真负责的精神，我写了一本书，名字就叫《工作要敢于负责》，现在我签个名送给您。”

我从书包里拿出了那本书，签了名，很真诚地送给了她。在场的学员都给我鼓掌。一个突发的情况，就这样被化解掉了。

当年的年底，我收到了这位女领导的贺年卡。贺年卡中，她写下了这样一段话：“刘老师，您好！您一定不记得了，我是上期XX班一个没礼貌又爱提意见的学生。但您的宽容、理解和谦逊教育了我！真诚地感谢您。”

我也真诚地感谢这位学员，她的做法也教育了我。虽然她并非霸道不讲理，只是有点得理不饶人，但让我知道怎样对待不同意见，怎样对待别人的无意失误，对别人应该怎样包容，怎样宽容。更感谢她为我的写作提供了素材。

由此我也提醒个别霸道不讲理的人：还是收敛些自己的霸道吧！你霸道不讲理，不是别人怕你，而是别人的修养比你好，不跟你计较，但最终你会为此付出代价的。做任何事情都会有成本，不过是早付出晚付出而已。

（四）学会“临大事有静气”

没有人喜欢脾气暴躁的人，即便你是领导。也许有的领导说了，我就暴躁了，谁敢把我怎么样？是谁也不敢把你怎么样。但当一个领导面对下属群众暴跳如雷的时候，下属群众虽然表面上点头称是，但心里早对领导没有了尊重。

而且，一个经常对下属群众暴跳如雷的领导，也绝不是一个有格局的人。

也许有读者说，领导发火是因为下属犯错。但领导暴跳如雷，能解决问题吗？解决不了问题，而且还显得领导没有格局，甚至辱骂殴打下属还违纪违法。

“民警起立敬礼慢了，上去就是一耳光；一言不合，打掉副局长一颗牙；开会动辄大骂，没人敢抬头平视；酒桌办公，下属要称其‘老板’列队敬酒表忠心……”

这是《瞭望》新闻周刊2018年8月3日刊载的《合肥市公安局落马局长程瀚“一霸手”的霸凌嘴脸》一文中的一段话。

说实话，要不是《瞭望》新闻周刊的报道，打死我都不会相信，这是安徽省司法厅原党委委员、副厅长程瀚，此前曾任安徽省合肥市副市长、公安局局长的程瀚所为。

多行不义必自毙。2018年7月13日，安徽省蚌埠市中级人民法院一审宣判，安徽省司法厅原党委委员、副厅长程瀚以受贿罪、徇私枉法罪被判处有期徒刑十七年六个月，并处罚金400万元。

看看，霸凌者不会有好下场。

那遇到让你特别想发火发怒的事情怎么办？我觉得下面这几句话不错，可以用来提醒自己。

第一句话：“每临大事有静气，不信今时无古贤”。这是翁同龢写的自题联。翁同龢是什么人？翁同龢曾经给同治、光绪等皇上当过老师。虽然他也没有教出什么太好的皇帝，但毕竟是帝师。

翁同龢用这幅自题联告诉自己：遇事要沉着冷静、处变不惊；继往开来、后来居上。

我非常喜欢这句话。这句话告诉我们，古往今来，凡是有作为的人，都是处变不惊、临危不乱之人。无论他受到多大的委屈，他都能泰然处之。

古人认为，一般人在生活中，常常会碰上无法忍受的事情。一个人受到侮辱，拔剑而起，挺身上前搏斗，这并不算是勇敢。

（原文：人情有所不能忍者，匹夫见辱，拔剑而起，挺身而斗，此不足为勇也。——苏轼《留侯论》）

那么，什么样的人才算得上是勇敢呢？请看第二句话：“卒然临之而不惊，无故加之而不怒”。古人说，一个人受到侮辱，拔剑而起，挺身上前搏斗，这并不算是勇敢。那什么样的人是勇敢之人呢？古人告诉我们：天下有一种真正勇敢的人，遇到突发的情形毫不惊慌，无缘无故侵犯他也不动怒。为什么他能够做到这一点，因为他胸怀大志，目标高远。

（原文：天下有大勇者，卒然临之而不惊，无故加之而不怒。此其所挟持者甚大，而其志甚远也。——苏轼《留侯论》）

因此，世有“忍小愤而图大谋，不忍之事忍之，其志必远”之说。

历史事实证明，真正的勇者，是有“过人之节”的。比如韩信，能够忍受胯下之辱。《史记·淮阴侯列传》记载：

韩信小时候失去了父母，主要靠他人的接济生活。因此，经常受到周围人的歧视和冷遇。

一次，有个年轻的屠夫当众羞辱韩信。他对韩信说：“你虽然长得又高又大，喜欢带刀佩剑，其实你胆子小得很。”并当众羞辱韩信说：“韩信，你要不怕死就拿剑来刺我；如果不想死，就从我的裤裆下钻过去。”

韩信看了他一会儿，趴在地上，从这个屠夫的裤裆下钻了过去。街市上的人都嘲笑韩信，认为韩信胆怯。

（原文：“淮阴屠中有侮信者，曰：‘若虽长大，好带刀剑，中情怯耳。’众辱之曰：‘信能死，刺我，不能死，出我胯下。’于是信孰视之，俛出胯下，蒲伏。一市人皆笑信，以为怯。”——《史记·淮阴侯列传》）

传说，韩信富贵之后，找到了那个屠夫。屠夫很害怕，以为韩信要杀他报仇。没想到，韩信却善待屠夫，对他说，当年如果没有你的“胯下之辱”，也就没有今天的韩信。

由此可知，韩信能够忍受胯下之辱，是因为他有着高远的志向。所以，他没有像一般人那样逞一时之勇，图一时之快。后来，他成就了辅佐刘邦决胜千里、扫平天下的大业。

第三句话：“有理不在声高，事实胜于雄辩。”虽然说“理直”就“气壮”，但有理也要有礼，有理不在声高，事实胜于雄辩。

战国时，魏王设置丞相官职，任命田文为丞相。这一任命，惹恼了战功赫赫的吴起。他想：我横刀挥戈，置生死于度外，冲锋陷阵，对魏国有济困扶危、安邦定国之功。不管是论功劳，还是比本领，我哪一点比他田文差，凭什么我就当不上宰相？于是，他就怒气冲冲地找到田文，对田文说：“让我跟你比比功劳，可以吗？”

一看吴起的神态，田文便明白了：他是来跟自己斗气的。但田文却淡淡地回答说："可以！"

吴起见田文同意跟自己比功，就高声说道："率领三军将士浴血奋战，让士卒乐于为国捐躯，使敌国不敢打魏国的主意，你和我比，谁行？"田文说："当然是你行了，我不如你。"

吴起听了这话，就更愤怒了。他又红头涨脸地问："管理百官，让广大的民众团结一心，使国库的粮仓丰盈有余，你和我比，谁行？"田文说："这还用说，我不如你。"

吴起接着追问道："防守西河，使秦国的军队不敢向东进犯，令韩、赵两国亲附魏国，你和我比，谁行？"田文说："我还是比不过你。"

田文的话刚回答完，吴起霍地一下站起身来，用手指着田文的鼻子说："你这三方面都赶不上我，可是，你的职位却在我之上，这是为什么？"

田文笑了笑说："君主年幼，国人心有疑虑，大臣们尚未心服，老百姓还不服从管束。在这种时候，是把国政交给你呢，还是交给我？"

吴起被田文反问得哑口无言，沉默了好久，才说："应该交给你。"田文说："这就是我的职位在你之上的原因。"吴起不吭声了，他不得不承认，自己的确不如田文。

（原文：魏置相，相田文。吴起不悦，谓田文曰："请与子论功，可乎？"田文曰："可。"起曰："将三军，使士卒乐死，敌国不敢谋，子孰与起？"文曰："不如子。"起曰："治百官，亲万民，实府库，子孰与起？"文曰："不如子。"起曰："守西河而秦兵不敢东乡，韩赵宾从，子孰与起？"文曰："不如子。"起曰："此三者，子皆出吾下，而位加吾上，何也？"文曰："主少国疑，大臣未附，百姓不信，方是之时，属之于子乎？属之于我乎？"起默然良久，曰："属之子矣。"文曰："此乃吾所以居子之上也。"吴起乃自知弗如田文。——《史记·孙子吴起列传》）

吴起的确不如田文，且不说治国能力谁大谁小，但从情绪的调控上就远不及田文。

面对吴起无端的发难和非理，一般人都会暴跳如雷，以眼还眼，以牙还牙，跟他大吵大闹一番，但田文没有这样做。他泰然处之，平心静气地让吴起尽情宣泄心中的怨气。待吴起被功劳冲昏了头脑时，才从容不迫地点出吴起没能考虑到的问题，使吴起的"连珠炮"顿时卡了壳。这种"无故加之而不怒"的大将风度正是宰相所应具有的素质。

说到这儿，我想起来梁实秋在他《骂人的艺术》一文中的一段话："骂人最忌浮躁。一语不合，面红筋跳，暴躁如雷，此灌夫骂座，泼妇骂街之术，不足以骂人。善骂者必须态度镇静，行若无事。普通一般骂人，谁的声音高便算谁占理，谁来得势猛便算谁骂赢，唯真善骂人者，乃能避其而击其懈。你等他骂得疲倦的时候，你只消轻轻的回敬他一句，让他再狂吼一阵。在他暴躁不堪的时候，你不妨对他冷笑几声，包管你不费力气，把他气得死去活来，骂得他针针见血。”

梁实秋真乃骂人的高手也。这样说并非是推崇他的“骂人的艺术”，而是想强调，遇到言语不合，千万不要“面红筋跳，暴躁如雷”，用梁实秋的话讲，那是“灌夫骂座，泼妇骂街之术”。灌夫骂座，泼妇骂街，肯定不是有格局更别说是有大格局者所为。

第四句话：“退一步海阔天空，忍一时风平浪静”。客观地说，遇到自己有理而对方无理却要跟你纠缠的事，要做到“声不高”，还真是一件不容易的事。这时候，咱可以想一想“退一步海阔天空，忍一时风平浪静”这句话。

罗马著名思想家西尼卡认为：“拖延是平息怒火的最好办法。”美国前总统杰弗逊说：“当你生气时，便在心里从一数到十，才开口说话；如果怒不可遏，再数到一百。”

俄国著名文学家屠格涅夫也曾告诫人们：当你暴怒的时候，在开口前把舌头在嘴里转上十圈，怒气也就减了一半。

从前，有个贫穷的人，突然暴富。他认为自己虽然有钱，但没有智慧，他想用钱买智慧。

这一天，他来到城里，逢人就问：哪里有智慧可买？有人告诉他，到寺庙看看。

他来到寺庙，一位僧人收了他一笔钱，然后告诉他："你倘若遇到疑杂的事，且不要急急处理，可先朝前走七步，然后再后退七步，这样进退三次，智慧便来了。"暴富者将信将疑。

当天夜里，他回到家中。推开房门，昏黑中他发现妻子居然与人同眠。他顿时火从心中起，拔出刀来便想行凶。

这时，他忽然想起白天买来的智慧。想试试看看到底灵不灵。于是，他朝前走七步，然后又后退七步。等他点亮了灯光再看时，竟然发现那与妻同眠者原来是自己的老母亲！

不管是西尼卡也好，还是屠格涅夫也罢，抑或是上面的这个故事，强调的都是遇到事情要冷静处理。这就是智慧，也是涵养大格局的一种有效方法。